地域創造研究叢書
No.20

人が人らしく生きるために
人権について考える

愛知東邦大学地域創造研究所=編

唯学書房

はじめに

　本書は愛知東邦大学地域創造研究所の人権研究部会での取り組みをまとめたものである。人権研究部会は学内の人権問題委員会のメンバーが中心となり 2010 年度から開始し、2 年間活動した。人権問題委員会では大学内のパワー・ハラスメントやアカデミック・ハラスメントといった人権侵害への対応だけでなく様々な人権に関する問題に取り組んでいる。そういった問題に対応していくなかで人権について見つめ直してみたいという思いが生まれ、この研究部会が始まったのである。

　人権について考える活動していくなかで、人権は、障がいのある人、病弱な人、生活が困窮しているといった社会的弱者といわれる人だけでなく、誰もが生きていくうえでなくてはならないものであることを改めて理解することとなった。そこで本書のタイトルを研究部会の皆さんと相談し「人が人らしく生きるために」とすることに決めた。これは人が地球上のどこに暮らしていても、人として尊厳をもって生きていくうえで失うことがあってはならない大切なものが人権であるという思いを込めたものである。

　人権は人が生きているそれぞれの場面、重ねてきた時間のなかで、いくつもの見え方があると思われる。そこで本書では各執筆者の専門領域から"人権"という視点に立って考えたものとなっている。本書では、人権についての歴史的考察、権利を侵害されやすい子どもや女性といった立場の人たちのこと、海外旅行で気軽に出かけられる東南アジアでの人権のこと、私たちが生活している身近な地域での人権尊重のことなどが書かれている。本書は人権ということを要とし、扇のように広がり大きく展開していくものとなっている。

　私たちは人権についてこれからも考え続けていかなければならないと思っている。そして世界中のすべての人の人権が大切にされることを願い続けている。

　2013 年 7 月

人権研究部会主査

吉村　譲

目　次

はじめに（吉村　譲）　iii

第1章　差別風土史と統治政治社会（宗貞　秀紀）　1
　はじめに　1
　Ⅰ　人権思想の根本　2
　Ⅱ　望ましい統治形態　10
　おわりに　13

第2章　子どもの発達と貧困（堀　篤実）　16
　はじめに　16
　Ⅰ　現代の貧困　16
　Ⅱ　子どもを取り巻く環境と貧困　17
　Ⅲ　子どもの貧困　21
　Ⅳ　ひとり親家族と貧困　28
　Ⅴ　今後の課題　31

第3章　児童養護施設の子どもたちの人権を考える（吉村　譲）　35
　はじめに　35
　Ⅰ　子どもの権利に関するあゆみ　35
　Ⅱ　国際的視点からの児童養護施設　37
　Ⅲ　日本の代替養護の現場である児童養護施設の子どもの権利　46
　Ⅳ　子どもの権利ノート　53
　おわりに　61

第4章　ドメスティックバイオレンス
　　　　――女性への人権侵害はなぜなくならないのか（肥田　幸子）63
　　Ⅰ　ドメスティックバイオレンスとは　63
　　Ⅱ　ドメスティックバイオレンスの社会的背景　65
　　Ⅲ　ドメスティックバイオレンスはなぜなくならないのか　68
　　おわりに　73

第5章　観光に関わる人権問題（宮本　佳範）76
　　はじめに　76
　　Ⅰ　主に観光開発に関わる人権問題　77
　　Ⅱ　観光関連労働と人権問題　82
　　Ⅲ　観光地の人権問題を生み出す要因　87
　　Ⅳ　観光地の人々の人権を守るために　90

第6章　人権尊重のまちづくりのための教育・啓発事業
　　　　――「人間尊重経営」の視点からの考察（手嶋　慎介）94
　　はじめに　94
　　Ⅰ　経営学における人権尊重・人間尊重の視点　95
　　Ⅱ　協働体系づくりを通した人権尊重のまちづくり
　　　　――名古屋市名東区における取り組み　101
　　おわりに　109

第7章　会社法における労働者の法的位置づけに関する覚書序説
　　　　　（松村　幸四郎）115
　　Ⅰ　市民にとっての従業員（勤労者・労働者）たる地位　115

あとがき（宗貞　秀紀）127

第1章　差別風土史と統治政治社会

宗貞　秀紀

はじめに

　我が国は、明治維新による開国までは神道と仏教を宗教の芯とした生活が続いてきた。江戸時代には、封建社会・身分制度社会が徳川幕府の幕藩体制によって280年もの長い間維持された。維新以降は大日本帝国憲法のもと富国強兵・殖産興業の精神を掲げ、また第2次世界大戦中は八紘一宇の標語のもとに、1945（昭和20）年まで戦争を繰り返してきた。

　敗戦した我が国は、大日本帝国憲法、教育勅語等から離れ、新たに日本国憲法を制定して歩み続けている。敗戦から復興への足取りの中で、世界第2位の経済大国にまで成長し、現在は米国、中国に次いで世界第3位の経済大国となるに至っている。しかし、経済大国といわれる国が人権尊重意識が高い国であると言い切ることはできない。GNPとは別の、人権尊重指標というようなものさしによる検証が必要といえる。

　日本国憲法前文では、『……わが国全土にわたつて自由のもたらす恵沢を確保し、政府の行為によつて再び戦争の惨禍が起ることのないやうにすることを決意し、ここに主権が国民に存することを宣言し、憲法を確定する。……日本国民は、恒久の平和を念願し、人間相互の関係を支配する崇高な理想を深く自覚するのであつて、平和を愛する諸国民の公正と信義に信頼して、われらの安全と生存を保持しようと決意した。……われらは全世界の国民が、ひとしく恐怖と欠乏から免かれ、平和のうちに生存する権利を有することを確認する。……自国の主権を維持し、他国と対等関係に立たうとする各国の責務であると信ずる。日本国民は、国家の名誉にかけ、全力をあげてこの崇高な理想と目的を達成することを誓ふ』と記述されている。

　日本社会は君主制、天皇制統治社会から大きく転換した。天皇は国民総意による

象徴として在位し、二院制、三権分立、恒久平和（交戦権放棄）、基本的人権、主権は国民、男女の参政権等々が新憲法に定められた。

日本国憲法でいう基本的人権は、「自由権」「生存権」「社会権」「法の下の平等」をさし、人権の尊重とは『すべての国民は、法の下に平等であって、人種、信条、性別、社会的身分又は門地により、政治的・経済的又は社会的な関係において、差別されない』『侵すことのできない永久の権利』とされている。

本稿では、人権に関する史実を掘り下げる。また、憲法上での自由権、人権に関する条項等を取り上げることと併せて、人間の特性と言える「知性」「理性」「思考性」を最大限発揮でき、一人ひとりの人権が守られるにはどのような統治管理社会体制が望ましいかを探る。

I 人権思想の根本
1 世界の動向

人権思想の根本は1789年のフランスの『権利宣言』にある。これに影響を与えたのは、ルソーの『社会契約論』と言われているが、実際は、1776年のバージニア州および北アメリカ諸州の「宣言」であることが、イェリネックの『人権宣言論』によって立証されている。また、その思想的背景が「信教の自由」にあることも指摘されている。つまり、信教の自由（宗教を信ずる自由）こそが人権思想の源流といえる。

人権思想の源流が「信教の自由」にあるということは、人権宣言や他の研究でも明確となっている。その「信教の自由」とは、宗教を信じて生き抜く自由のことをさす。また、人権思想の根源は、思想の自由、すなわち良心の自由にもある。良心の自由の思想史は、前記の「信教の自由」にも重なる。つまり、「信教の自由」には重大な意味が存在するのである。

信教の自由は、国家と宗教、権力と宗教の分離を要件とする。信教の自由は、宗教に干渉し、規制を企てる支配体制と必然的に関係する。

アジア的専制主義の国家、家父長的家産官僚支配の国家においては、宗教は国家権力、支配体制を神聖化する手段としての位置づけで活用されていた。専制主義の国家の君主が現人神として神聖化されてきたのも、かかる権力手段としての宗教の結実といえる。

専制主義の依存する伝統的秩序、身分差別の秩序を永遠の法として、宗教は神聖

化する。アジア的専制主義の国家において、最も卑賤視された身分のものは、現世の差別の苦しみを忍従することによって、来世には一段上の身分に登ることを保障される、という宗教的思考である。これが、輪廻思想であって、カースト思想（インドのヒンズー教社会の身分制度）が根幹をなしている。

　第2次世界大戦終結後の1948（昭和23）年12月10日には「世界人権宣言」が発布され、1966（昭和41）年には「国際人権規約の国連採択」がされ、世界215カ国はそれぞれ国内法にて「人権侵害に関する法整備」が図られている。

　現在、世界を鳥瞰してみても、身近な国々が人権問題の渦の中にある。北朝鮮では罪人に対する強制収容労働・外国人の拉致問題があり、中国ではノーベル平和賞を受賞した作家で人権活動家である劉暁波に対する留置場送り、南アジアでの開発途上国での女子（娘）等の身売りと児童の強制売春労働などが挙げられる。ミャンマーの民主化活動家アウンサンスーチーの自宅監禁・拘束なども特筆すべき人権問題にかかわる事実といえる。

　人種差別としては1700年代、1800年代を中心に行われたアフリカ系黒人の奴隷化が大きい。黒人差別問題がリンカーン大統領の奴隷解放宣言や、キング牧師の公民権運動などにより改善されたのは歴史的にはまだ最近のことといってよい。

　それぞれの国内事情があるにせよ、国の統治政治管理者による人権侵害にも該当する行為が依然として執行され続けている。人権に関する国際世論の形成と国際的介入は、困難性を併せ持つ人類の課題と言える。

2　日本国内の動向

　我が国の専制主義国家化は、いつに始まったかであるが、起源は織田・豊臣政権から幕藩体制への過程にあると言われている。幕藩体制下の身分制度社会において、被差別社会は永遠に穢れたものとして認定され、しかも、役人村と呼ばれる集落で賤民官僚として編成された事実を見ればそれは明白である。

　日本は、古くから神道国（多神教＝万（よろず）の神国）であり、長い鎖国・封建社会を経験してきているために、神道の影響は現在も生活様式のなかに残っている。

　古代日本の神道は、権力の手段として宗教を位置づけ、宗教というよりは呪術信仰に近いものであった。他国においても古代は同様な呪術信仰が栄えていた。そのような時代を経て、身分的差別を根本として、貧しい人々や病の人々を穢れ視する思想は、古代末期の公家思想において育まれていった。穢れ思想は人民から『良心

の自由』をはく奪し、人民を身分的差別体系に編成し、人民の自治的連帯の成立を圧殺する思想である。そういった思想や呪術的信仰を利用して権力として台頭したのが、中世の戦国大名時代の幕藩体制である。一向一揆やキリシタンの反乱はそうした戦国大名の台頭に起因している。キリスト教徒の摘発のための「踏み絵」などによる問答無用の宗教弾圧がはびこっていた。統治社会を安定させるには、その国々で宗教というものの位置づけをどのように置くかによるところが大きいが、こうした弾圧は社会を非常に不安定化する。過去のいつの時代でも発生していた宗教戦争も同様の経緯によるものと言える。

一向一揆の抵抗者には、助命の代償として賤民身分が付与された。士農工商の四段階の制度の他に細分化して、25～30の身分制度が布かれていた。権力による摘発は都市だけではなく農村にも浸透し、それが被差別地域づくりの起源となった。

身分的差別体系に編入することは、自治精神を喪失させる最も有効な方法とされてきた。信仰心を失わせるためには、その信仰する神を穢れた神とし、穢れた仏とするという呪術的信仰の極限というものを押しつけた歴史がある。『穢寺』という組織にはじまり、「差別戒名」という陰湿な思想も展開されている。

良心の自由、信教の自由を守ろうとした被差別部落民は、幕末においても「穢寺」という思想制度に対する闘争を行ったと言われている。部落解放令の直後、1875（明治8）年4月14日に大審院が設置されたが、被差別部落から大審院で争われた事件のうち3分の1が「信教の自由」に関するものであった。

被差別部落民への弾圧は、全国民の基本的人権に対する弾圧の中心であったことと、人民自治の否定という意味で行われていたことを理解する必要がある。

当時の統治者の思想は、一人ひとりの人権を重んじるという考え方ではなく、統治政治・思想に背くものは罰する・処分するというものであった。

3　日本文化の因習と差別心を育む穢れの根源

我が国には「穢れ意識から生まれた独特の文化」がある。穢れは、神道や仏教という宗教などから始まり、国民生活全般に広く影響を与えた観念の一つで、不潔、不浄、清浄ではない、汚れて悪しき状態等をいう。「けがれる」と「よごれる」には意味的な違いがある。「けがれ」は永続的・内面的な汚れで、「清め」等の儀式執行により除去される汚れであり、神道や仏教の神髄をなしている。「よごれ」は、一時的・表面的な汚れであり、洗浄等の物理的行為で除去できるものをいう。

また、「けがれ」は、「気枯れ」、すなわち、ケガレた状態とし、祭りなどの晴れ儀式でケを回復する（ケガレを祓う、「気を良める」⇒清める）という考え方が示されていた。

平安時代に日本に流入した穢れ観念の代表格が「三不浄」（死穢、産穢、血穢）である。こうした穢れ観念はヒンズー教のもので、インドでは現在もヒンズー教を中心とした身分制度が統治管理社会体制に大きな影響を与えている。インドで生まれた仏教もこの思想の影響を受け、穢れ観念は仏教の普及に伴い日本全国に広がっていった。

明治・大正・昭和時代は、身分制度の影響を受けて被差別部落問題が大きな問題となった。また、穢れ思想から「らい病」（後のハンセン病）患者は、家族や一般生活から切り離されて、特定なコロニー施設に「隔離」生活を強要されていた。最近になって、科学と正しい情報により迷信じみた差別は徐々に消えてきたが、それまでは差別する生活が「当たり前」としてあり、一方で被差別生活を余儀なくされる者がいた時代であったということを再確認したいものである。

村落共同体として環濠集落で身を寄せ合って集団生活を優先した時代も長い。その集団生活の固まりは、「郷」として繁栄し、郷の長は絶対的権限を備えていた。また、江戸時代を中心して栄えた「家」を単位とした「家父長制度」が生活に根づき、世代伝播によって、人間生活で恐いものは「地震」「雷」「火事」「おやじ」と言い伝えられてきた。一家の主たる「おやじ」に逆らうことは、「勘当」を言い渡され、家族とは生活できない、いわゆる主から見放された生活を余儀なくされるということを意味した。「勘当」は主従関係や師弟関係の縁を切るという意味であり、家夫長（主・おやじ）が家を統治しているために、それに背く行為や発言によって勘当を申しわたされても人権侵害という考えは出てこない。家長が勘当（縁を切る）を申し付けた場合は、町奉行所に届出が義務付けられていたにすぎない。

現代から見れば、まるで、従わざるものは切り捨てるという「管理者・統治者」の人権侵害行為そのものであるが、当時の奉行所（役所）は、届出を受領するのみで余程のことがない限り介入はしなかった。

4　人権無視の構造史（足跡）

我が国で「人権」に関わる世論が育ち始めたのは、国際交流の始まった明治開国以降と言っても過言ではない。人権を守る憲法は第2次世界大戦後に発布された

「日本国憲法」に端を発している。それまでは「人権を守る」という概念すら生活様式には根付いていなかった。人権問題は、成熟した（する）社会で起きるものといえる。

　日本の戦国時代から江戸時代の生活と暮らしの変遷の中で、幾多の人権侵害行為が横行していた。大名や家長が、それぞれのエリアを単位として暮らす生活者を統治・管理することを最優先した、未熟な時代であったためと言えよう。

　人々が日々の生活の中で「幸せを享受」できるのは、お上、いわゆる「殿様」「家長」から授かるものという認識があった。身分制度の中で統治執権社会は280年もの長期間にわたって継続し、現代日本の生活の基礎が育まれていった。身分制度は、人間一人ひとりの「人間力」に着目せず、身分によって「上」「下」目線に着目し、「もっと上がある、もっと下がある」という捉え方をさせる「統治する側」の制度であったといえよう。

　江戸時代の日常生活で横行していた「間引き」（産まれた子どもを人間としない行為）や身体が不自由となった高齢者の「姨捨」などは、社会生活するにあたって「家族のお荷物」的存在となった者に施されていた処置であるが、現代からみれば天地が逆転するような人権無視行為であったといえる。

　また、日本は第2次世界大戦でアジア諸国を侵略することと併せて「同化政策」を施している。それぞれの国には「母国語」が現存しているにもかかわらず、「日本語生活」を強制したという史実は、国際人権問題からみれば許される政策とは言い難い。

　1935（昭和10）年前後までは、経済的困窮世帯でやむを得ない措置であったと言われているが、「娘売ります」「身売りは当相談所へ」という看板が役場に掲示され、人身売買が行われていた事実もある。

　集団の統制・管理のためには一人ひとりの人権には目が届かない。集団の目的・目標達成には「暴力」「罵倒」「差別」「除外」行為が当然として行われていた。その顕著な例としては「軍隊」が挙げられよう。

　「親」（保護者）と「子ども」（被養育者）関係も、縦関係であった。当時、今日でいう悲しい児童虐待の世界は日常であった。親からの暴力、子どもへ恐怖心を植え付けさせるという「子育て観」が戦前の教育や養育には根付いていた。親の勝手、指導者の勝手、教員の勝手で、密室での人権無視行為は横行していた。

　目的・目標の達成のためには一人ひとりの意思や人格は意に介さないという統

制・管理があらゆる組織集団（産業組織、教育組織、地域社会、家族生活等々）に及んでいた史実があったことは否めない。

先にも記述したが、国際人権宣言や日本国憲法発布後の教育や学習によって、徐々に「人権尊重」「人間の尊厳」の考え方が整備されつつあるのが実態である。

日本には「世間体」を気に留めながら生活する風習があるが、これからはグローカル社会と言われるように、国としても「国際世間体」を意識することによって、より良い人権尊重社会が実現できると考えている。そのためには、時間がかかるとしても「意図的」「教育的」「計画的」に人権に関する学習が必要である。

5　人権問題として整備される分野

「差別はあたり前」の未熟な社会から、国際世間体にを意識した人権尊重社会の実現に向けて整備が進められている事項としては、以下の項目が挙げられる。

①子どもの人権
　子どもが健やかに成長・発達し、夢と希望にあふれる毎日が送れるよう、児童虐待の予防及び早期発見に注力

②女性の人権
　DV暴力、ストーカー、セクハラ、職場での差別的処遇等を予防し、利益も責任も分かち合える男女共同参画社会の実現を目指す

③障がい者の人権
　障害者の自立と社会参加の一層の促進を図るため、「障害者基本法」（H16年）を改正。「障害者自立支援法」（H17年）、「障害者総合支援法」（H25年）を制定

④高齢者の人権
　高齢者虐待の防止、養護者に対する支援等を定めた「高齢者虐待防止法」（H17年）を制定

⑤難病患者の人権
　HIV、ハンセン病、エイズ患者等への無知から発生する差別に対する啓発活動

⑥社会的身分・門地による被差別民の人権
　日本風土に根付く組織・集団管理・統治社会に利用した身分制度社会と人権無視、差別心を構造的に生みだした歴史への啓発活動

⑦外国人の人権

外国人の言語・宗教・習慣等への理解不足から生まれる差別意識の解消

⑧ホームレスの人権

「ホームレス自立支援法」（H14年）、「ホームレスの自立の支援等に関する基本方針」（H15年7月）の制定

⑨犯罪被害者、犯罪被害者家族の人権

「犯罪被害給付制度」（S56年）、「刑事手続に関する犯罪被害者等の保護」（H12年）、「犯罪被害者等基本法」（H16年）の制定

⑩更生保護者、出所者、犯罪者家族の人権

更生保護者、出所者、犯罪者家族を取り巻く環境の改善

⑪セクシャルマイノリティの人権

性同一性障害者等、性的指向を理由とした差別や偏見の解消

⑫各種ハラスメントの防止

他者を不快にさせる行為である各種「ハラスメント」行為（パワー・ハラスメント、セクシャル・ハラスメント等々）の防止

⑬法治国家の機能強化

司法制度・裁判員制度などに関する教育・啓発活動の推進。社会的正義観の醸成

⑭インターネット上での人権侵害の防止

インターネット上での人権侵害の書き込み・情報提供や、利用者へのプライバシー侵害への対策

全国地方自治体の人権教育担当部署で発行されている「人権啓発資料」「パンフレット」等の資料を使って、上記の①〜⑭の広い範囲で、各自治体・地域・学校において老若男女の世代を超えた人権教育が実施されている。こうした人権教育が繰り返し繰り返し行われなければ、人権問題（事件）の発生を防げないのが現状である。

6　我が国の人権にかかわる関係条文

具体的な人権の定めは憲法と社会法で示されている。ここでは憲法の関係条文を表1-1に挙げておく。

表1-1 人権に関わる憲法条文

1.	国民一人ひとりは憲法によって侵すことのできない永久の権利として基本的人権が保障されている（97条）
2.	権利の濫用や公共の福祉に反しない限り、基本的人権は十分に尊重されなければならない（11条、12条）
3.	個人の尊重、生命・自由及び幸福追求権（13条）
4.	すべて国民は、法の下で平等であって、人種・信条・性別・社会的身分などにより差別されない（14条）
5.	奴隷的拘束を受けない（18条）
6.	思想および良心の自由は侵してはならない（19条）
7.	**信教**は自由で他から強制されない（20条）
8.	集会・結社及び**言論**・出版・**表現**の自由を認める（21条）
9.	居住・移転及び**職業選択**の自由を認める（22条）
10.	学問の自由を保障する（23条）
11.	婚姻は本人同士の合意のみに基づき、夫婦は等しい権利をもつ（24条）
12.	すべての国民は健康で文化的な最低限度の生活をする権利がある（25条）
13.	国民はその能力に応じて、ひとしく教育を受ける権利があり、保護者は子どもに義務教育を受けさせねばならない（26条）
14.	国民には勤労の権利と義務がある（27条）
15.	選挙権・請願権を認める（15条、16条）
16.	憲法が国民に保障する自由及び権利は国民の不断の努力によって保持しなければならない（12条）

（注）太字部分は基本的人権の三大要素。

いるが、それら全ての根底には「人間の尊厳」と「自由と平等」の原則がある。

憲法が保障する基本的人権としては、個人の自由な意思決定と活動を保障する「自由権」、国政に参加する「参政権」、失業・貧困・労働条件の悪化の弊害から、社会的・経済的弱者を守るために保障される「社会権」がある。各権利の具体的な範囲については、裁判による判断例が現在の法治社会の基準となっている。

日本国憲法第12条には、『この憲法が国民に保障する自由及び権利は、国民の不断の努力によつて、これを保持しなければならない。又、国民は、これを濫用してはならないのであつて、常に公共の福祉のためにこれを利用する責任を負ふ』とあり、人権の維持は、『自分たち国民一人ひとりで努力』して保持すべきことがうたわれている。

主権は国民であるために、一人ひとりの国民の自由な権利にはさまざまな義務と参加が伴っていることも忘れてはいけない。

筆者は「社会福祉学」を専門領域とする一人の研究者として歩んでいる。21世

紀に入るまでは、「福祉」とは憲法第25条の生存権保障（困窮者を保護・救済＝弱者を救済すること）が中心であったが、現在では、生存権保障と併せて、憲法第13条の個人の幸福追求権を尊重する社会づくりへと中心が変化してきている。これからの福祉は、いわゆる Welfare（保護）に加え、Well-Being（より良く生きていける＝人権の尊重、個人の尊厳、自己実現）が可能となる社会づくりが重視される、ウェル・ビーイング時代となっていくと認識している。

我が国の憲法前文、基本的人権関係の条文は先に記述した通りだが、この憲法のもとで、司法・行政・立法（二院制議会）の三権分立による統治社会が実現されている。新しい憲法のもとでスタートして67年が経過したが、一人ひとりが関心をもち学習し、よりよく生きていける社会づくりを探求したいものである。

人間の備えている「人間力」が最大限生かされる統治政治はどのような社会（国）であったら良いのか、次の段落で述べることにしたい。

II 望ましい統治形態
1 世界の統治政治形態（ガバメント）

集団や社会を管理・統率する場合、組織・集団管理と個人の尊厳がぶつかりあって、いわゆる人権侵害・人権問題として訴訟（紛争）となる。そして、その訴訟は常識という物差し「裁判」によって決することになる。

我が国では、主権者が国民一人ひとりであるために、条文が実態にそぐわない場合は、主権者の代理人たる「議員」による議会の論議によって改正することになる。これが議会制民主主義の手法である。また、国連組織に加盟し、国際世間体の高揚を図りながら「一人ひとりがより良く生きていける社会づくり」を目指すことも重要といえる。

世界にはさまざまな統治体制があり、中国（一党独裁制）、北朝鮮（独裁制）、旧日本（天皇制）、新日本（二院制）、米国（上院・下院制）、英国（女王制）、スウェーデン、ノルウェー、タイ（王国制）など、それぞれに異なった管理統治社会下で各国民は生活をしている。

それぞれの統治体制の特徴を表1-2で、世界の主要な国々の統治政治体制の例を表1-3で説明したい。

表1-2 統治体制の特徴

一院制	議会がただ一つの議院によって構成される統治制度。
一党独裁制	一つの政党が中心となって他の政党の活動や政策決定への介入を許さず、時には、存在さえ許さずに統治行為が行われている体制をいう。 〈過去の一党独裁国〉 ソビエト連邦、モンゴル、ポーランド、ドイツ、イタリア、台湾等々。
両院制	立法府が独立して活動する二つの議会ないし議院によって構成される政治制度。二院制とも言われている。
君主制	国の長は、代々世襲で継続し、絶対権限を備える。経済、労働、軍事等の機関の長も兼ねることが多い。
王国制	王(男性)をその国の代表とし、議会や行政は別に備える国が多い。また、女王(女性)を代表とする国も存在する。

表1-3 主要国の統治体制

米国	大統領制と二院制(上院・下院)
ブータン	王国制
中国	一党独裁制
スウェーデン	王国制と二院制
英国	女王制と二院制
日本	二院制(衆議院・参議院) 三権分立、天皇は国民の象徴。 明治時代以降1945年までは君主制・天皇制。 江戸時代は地方大名による分権統制社会で、徳川幕府は参勤交代の手法で国を治めていた。

2 主要国の統治体制

　人間の限りない「力」が生かされる統治社会はどのようにあるべきか、これは重要な課題である。ここまで調べて国際比較すると、私論であるが次のような統治国が良いということになる。

　『象徴としての女王国制、議会の二院制と三権分立、地方分権、国民主権と基本的人権。そして、幸福度指標をモノ・カネにおかない国、社会保障が行きとどいた国』。これらの統治国が人間の力を発揮される望ましい統治政治社会と考える。現在の国でいえば、イギリス、日本、スウェーデン、米国、ブータンの優れた制度・体制を合わせたような国を言う。その理由を述べて筆を止めたい。

　人類の歩んできた文明は、エジプト文明、ヨーロッパ文明、メソポタミア文明、マヤ文明、アンデス文明等々と歴史学者は世界各地域の人間集団社会史を検証している。

　ヨーロッパ文明の一員である英国においては、今から約260年前に「産業革命」が起こった。それにより革新的な技術と豊富な資金を獲得した英国は、植民地開拓

を加速し、アジア、アフリカ、アメリカ大陸等世界各地に植民地を広げた。現在、ほとんどの植民地は独立を果たしているが、英国が世界に与えた社会的影響は非常に大きい。

注目すべき点は、英国の立憲王国制で定めている女王制度である。古代は「女系（女性、母親中心）社会」であった。それを継承するように、女王を国の中心に置いて国を治めている。こうした王国制や女王制の国々は、他の体制の国々よりも比較的安定した歩みを続けているようにみえる。古代の「女系社会」はやがて「男尊女卑社会」に移行し、現在は男性・女性が対等に役割を対等に分かち合う「双系社会」となったと言われているが、多くの国・地域・家族・集団社会は男尊女卑社会を引きずり、双系社会とは言えない現状がある。ここに人権問題としてジェンダー論の視点が重要になる。

人類が誕生してから600万～700万年と言われているが、1万年前に農耕社会が台頭するまでの狩猟生活時代は女系社会であり、安定した時代が長く続いていた。神道でいう天照大神も女神であり、そのことからも女王を統治社会の中心に位置することには意味があろう。

また、近代社会では国を治めていくには議会が必要である。議会制度には一院制・二院制があるが、二院制のなかで多角的な意見を交わす仕組みが、相互に牽制し合う仕組みとしては欠かせない。日本などがそれに該当する。

加えて、議会決定が誤った方向に歩もうとしている時には行政や司法により牽制するという、「三権分立」の仕組みも欠かせないといえる。

スウェーデンに限らないが、北欧五カ国といわれるスウェーデン、デンマーク、ノルウェー、フィンランド、アイスランドは、第2次世界大戦でフィンランドがソ連に侵攻されたことを除いては200年間ものあいだ国際紛争に参戦していない国々である。現在、スウェーデンは「社会保障大国」、デンマークは「生活大国」、ノルウェーは「環境・エコ大国」、フィンランドは「教育大国」、アイスランドは「蔵書大国」と言われている。人間の幸福を求める歩みの中で、戦争は最大の敵であることを知るこれらの国々の成熟度は、世界各国の範となっていよう。これら北欧五カ国は、税金が高くても安心して人間らしく生きていける社会づくりの先端を歩み続けている。

米国は、国民一人ひとりを中心として市町村自治体や州を国民主権で作り上げている合衆国であり、地方分権社会の代表国である。また、米国で理想とされる生き

様は「グレイト・ヒーロー」といわれる、「英雄」としての生き方が重んじられている。個人主義とは異なり、自分は他の国民のために捧げるという姿勢があると言える。

第2次世界大戦が終わって67年が経過した。戦後は世界各国こぞって人間生活の豊かな国づくりを目指している。特に、国民総生産、経済大国を目指した世界の物流合戦が先走っていると言える。そのなかで、モノ・カネの追求が人間生活を豊かにしているかと言えば、その通りでないことも実感できる。ブータンは、国王によって提唱された「国民総幸福量」「国民幸福指標」を掲げた政策により、その幸福度指数は世界一といわれる。仏教の信仰と輪廻転生思想に支えられ、動植物の命と大自然と共存し合う、人間生活の深い営みがブータンにはある。

暉峻淑子『豊かさとは何か』（岩波新書、1989年）でも述べられているが、ブータンは、モノ・カネだけではない豊かさの指標「国民総幸福量」を提唱し、世界中に影響を与えている。

人間社会で、人権が大切に扱われ、個人の命が尊ばれ、自己実現可能な望ましい統治政治社会のあり方を探って私論を述べてきたが、近代の「国際人権指標」の役割も重要であり国際世論の声価と人権に関する学習機会に触れあえることを望んでいる。

おわりに

生まれた国や地域によって自分の備えている潜在能力が発揮できないことは残念なことである。人の一生は、誰しも対等公平に「死」が訪れる。ならば、その死を迎えるまでには、人間として大切に守られ、自己実現が可能となるような社会構造を探し作り上げていきたいものである。

JT生命誌研究館館長の中村桂子が、「中日新聞」（2012年5月16日付）の文化欄で述べていたことを結びにかえて紹介したい。

　『……自然災害はいつだって思いがけず起きるのだ。地震、津波、台風、豪雨とこのところこれでもかこれでもかと起きる災害に、地球に何か特別なことが起きているのではないかと思いたくなる。……日本列島は本来決して静かな場所ではないのである。……四季があり、自然の美に恵まれた地であると同時に動きが激しいのであって、それに向きあって生きていくことが不可欠なのだ。

具体的にはどうするか。答えは「一人一人が自律的に生きながら、お互い支え合い、地域に根ざし、自然を活かした社会をつくること」だと考える。実はこれは東北地方に存在した社会であり、東日本大震災の後、多くの人が、その強さに感嘆した生き方である。

　ところで、このような社会と最も合わないのが、二十一世紀に入り小泉内閣によって進められ、今も続いている新自由主義であり、金融化、投機化した経済である。これがもたらしたものは、少し強い言葉を使うなら自律的生き方の否定、人間の否定ではないだろうか。不条理ともいえる所得格差、雇用の不確実さから来る不安などが社会の基本となる人間の信頼関係を壊した。社会活動の基本は人間であり、相互の信頼であるはずなのに、それを実体感のない巨額のお金の動きで壊してしまったのだ。

　……若い人たちは世の中はお金だなどと思わなくなっているように思う。経済は教育・医療・福祉など基本を整え皆が暮らしやすい社会をつくるために必要なのであって、お金が動けばよいということではない。……』

筆者は上記の引用記事に共鳴している。タイトルは、「自律的生き方を否定する経済」というものである。

社会の発展と開発にはエネルギーを必要として、原子力発電所が社会の発展に果たした効果は大きい。しかし、平成23年3月11日に発生した東日本大震災で発生した、東京電力の福島原子力発電所の事故は、人類の生きる未来を震撼させた災害である。

その福島原発も廃炉に40年もかかり、その後の核燃料棒を地下数百mにカプセルに入れて埋蔵するという方式で、核燃料の後始末も検討されている。地下で何事も無くて（断層の動き等により、カプセル破壊が無い）も放射能・セシウム等がゼロになるには10万年もかかると言われている。気の遠くなる年数が必要とされる。核燃料の後始末の良い方法が開発されることを願っているが、人類の存続と発展を考えるならば、難しくとも時間をかけても方向転換が必要ではないかと考える。

なぜならば、人が人らしく生きる権利を人間の造った核燃料という魔物に生きる未来を閉ざされるからである。生きるために必要な核エネルギーが、人間の生存を脅かす魔物となっており、広義な視点から見れば人権問題でもある事項である。

今日のような文明社会で人権が重要とされることは、人間社会が進展する成熟途上にあることを意味していると信じている。

また、過去の世界大戦は三度と起こしてはならない。人権の尊重をうたう以上は、戦争は人権の最大の敵と言えると認識している。また、一部の宗教を因果とした戦争は現在も極地的に発生しているが、国際世論と学習によって皆無としたいものである。

史実では、集団生活社会の統治から始まり、やがて国々として成長したことが統治政治形態の嚆矢となっている。個人の人権や主張は集団の統制には後回しとなってきたのが現実である。国優先、地方自治優先、生活自治優先、家優先、家族優先、世帯優先と法律整備も徐々には進展している。

我が国は、世帯単位で救済する制度が多いが、人権は個人問題である。従って、社会法の整備は、個人の人権が遵守されるような整備を必要とする時代を迎えているといえよう。人権問題は、あらゆる集団組織と集団組織、集団組織の統制者と個人、そして個人対個人の間で発生しているが、あらゆる機会での学習は必要であると言える。

誰しもが安心、安全、安定、快適で希望を持って明るく生きていける社会がいつごろ到来するのか、生ある限り、それらの社会を目指したい。

【参考文献】
・小倉襄二『社会保障と人権』汐文社、1970年
・水村光男『この一冊で世界の歴史がわかる！』三笠書房、1996年
・藤岡信勝、自由主義史観研究会『教科書が教えない歴史』産経新聞社、1996年
・仲村優一、一番ヶ瀬康子、右田紀久恵監修『エンサイクロペディア社会福祉学』中央法規出版、2007年
・岡澤憲芙、宮本太郎編『比較福祉国家論——揺らぎとオルタナティブ』法律文化社、1997年
・岡部一明『市民団体としての自治体』お茶の水書房、2009年
・丸尾直美『スウェーデンの経済と福祉——現状と福祉国家の将来』中央経済社、1992年
・大江甚三郎編『同和人権教育——人間教育の原点に戻ろう』同和文献保存会、1991年
・大江甚三郎編『同和文献差別構造研究——根強い日本人の差別性を衝く』同和文献保存会、1990年
・被差別部落解放協会編『解放思想と闘争の系譜』全国人権啓発連合会、2001年
・高野範城『社会福祉と人権——高齢者・障害者の人権と国の責任』創風社、2001年
・全社協90年史編纂委員会編『全国社会福祉協議会90年史』全社協出版部、2003年
・暉峻淑子『豊かさとは何か』岩波新書、1989年

第2章　子どもの発達と貧困

堀　篤実

はじめに

　現代の子どもたちはいじめや体罰など、子どもの人権が侵されるような不安な社会のなかで生きている。子どもたちが安全で、安心できる生活環境で育っていけるようにすることが私たち大人の責務である。しかし今、私たちが生きている社会は、本来であれば子ども自身の命を守り、子どもが生きるための権利を保障しなければならない家庭という生活基盤が壊れつつある。その大きな要因の一つが貧困問題である。ここでは子どもの貧困問題について考えてみたい。

I　現代の貧困

1　「貧困問題」への注目

　2009年、わが国では政権が自民党から民主党に交代し、44年ぶりに厚生労働省が相対的貧困率を算出し公表した（平岡、2010）。当時の民主党のマニフェストには「母子家庭で修学旅行にも高校にも行けない子どもたちがいる。病気になっても、病院に行けないお年寄りがいる。全国で毎日、自ら命を絶つ方が100人以上もいる。この現実を放置して、コンクリートの建物には巨額の税金を注ぎ込む。一体、この国のどこに政治があるのでしょうか」と書かれていた。自民・公明両党による政権が進めてきた構造改革による格差社会の増大に対する国民の批判のあらわれであると言われた、このマニフェストにより民主党政権が誕生した。

　貧困・格差は現代社会を読み解くキーワードとなっている。なぜならば、その影響は子ども・若者から高齢者まで全世代に及んでおり、また、領域的にも、福祉・生活保護、労働・ワーキングプア、教育・学力形成や心身の健康、社会的弱者・ホームレスや社会的包摂の問題など、社会生活のさまざまな領域に及んでいる。その上、その全世代性と多面性は、貧困・格差が複合的・構造的な問題現象として現

出・展開していることを示している。さらに、その全世代性・多面性・構造的複合性のゆえに、日本の社会と教育をどのように構想し再編成していくのかが理論的・政策的な重要課題となっている（Esping-andersen, 1990/2001；Giddens, 1998/1999；藤田、2011）からであるとの報告がある。

しかしながら、日本においては最近まで「貧困」は一部の限られた人たちの問題であり、身近なものとしての関心が薄かった。そこには、一般市民の貧困の概念が、絶対的貧困や物質社会に反抗する精神論に大きく影響されており、それが現代社会における貧困（相対的貧困）の議論の本質を見えにくくしている点を指摘している（阿部、2012）。

2　貧困の定義

貧困を定義することは容易ではなく、経済学や社会学の領域内で異なっていたり、国や機関によってさまざまな基準が提唱されている（リスター、2011；岩田、2007；平岡、2010；鎮目、2011）。

代表的な概念分類としては、生存維持に最低限必要な衣食住の観点から定義される「絶対的貧困」と、特定の社会における全世帯の所得のなかである水準以下の世帯所得を「貧困線」と定義したり（相対的所得基準方式）、標準的な生活様式や習慣、活動に参加できないなどの剥奪（deprivation）が起こっている状態を貧困とみなす（相対的剥奪測定方式）などの「相対的貧困」がある。絶対的貧困に関しては2008年の世界銀行の定義では、1日の所得が1.25ドル以下を絶対的貧困線としている。日本円に換算してみると、年間所得が1.25 × 365日 ×（1ドル95円と仮定）= 4万3,343円以下の人となり、生活保護制度のある日本ではこの基準に相当する絶対的貧困者はほとんど存在しない。

相対的貧困については、たとえば経済協力開発機構（OECD）では、等価可処分所得（不動産などの資産を除いた就労所得や公的年金などの現金収入を世帯収入の平方根で割って算出）が全人口の中央値の半分未満の世帯員を相対的貧困者であると定義している。

II　子どもを取り巻く環境と貧困

1　人間発達に関する生態学的システム

ブロンフェンブレンナーの人間発達に関する生態学的システムモデル

(Bronfenbrenner & Morris, 2006）を用いると人間発達は多様な層の中で進行するものととらえることができる。そこでは家族や学校、友だち、近隣、健康に関するサービス機関などのように子どもが直接かかわる環境システムであるミクロシステムや、家庭と学校、友だちと近隣との関係などミクロシステム同士の環境システムであるメゾシステムや、マスメディア、法的制度や福祉サービス、家族の友人関係、家族の職場での対人関係などより間接的で社会的な環境システムであるエクソシステムや、文化的態度や価値観などのマクロシステムから成り立っている。このモデルによれば貧困が子どもの発達や健康に及ぼす影響は他の環境要因と関連しダイナミックに考える必要がある。低所得により劣悪な環境に居住しなければならない場合、子どもの発達に及ぼす影響の要因は家庭内にとどまらず、学校環境や友だち、近隣環境や行政サービスの質の劣悪さなどが絡んでくるものと考えられる。

2　発達の諸側面と環境諸要因

　この他にも発達の諸側面と環境諸側面やその影響関係のとらえ方はさまざまであるが、藤田（2012）は心理学や教育社会学の諸説や知見を踏まえ概念図を作製した（図2-1）。

　この概念図の要点は第1に、心理的・精神的発達の諸側面と文化的・社会的発達の諸側面は多分に重なり合い影響しあう関係にあるのに対し、それらと生理的・身体的・運動的発達は影響しあう関係にあるものの重なりは少ないものとして考えられていることである。また、第2に子どもの発達に影響を及ぼす主要な文化的・社会的要因とその現代的な歪みの事例及び背景要因を図の下方に示していることである。貧困は、人格や個性、アイデンティティの形成においてさまざまな角度から影響を及ぼすものと考えられる。

3　社会的排除

　子どもの社会的排除（Social exclusion）という概念を用い実証研究を実施したイギリスの社会学者のTess Ridgeは、その著書『子どもの貧困と社会的排除』（2002/2010）において子どもの生活において貧困と社会的排除がどのように表層し、影響しているかを分析した。この研究は「子どもの世界」において貧困の「子どもたち」がどのように排除されているかをとらえる試みであった。Ridge（2002/2010）によると、「子ども期はそれ独自の規範や慣習が存在するひとつの社会経験である、

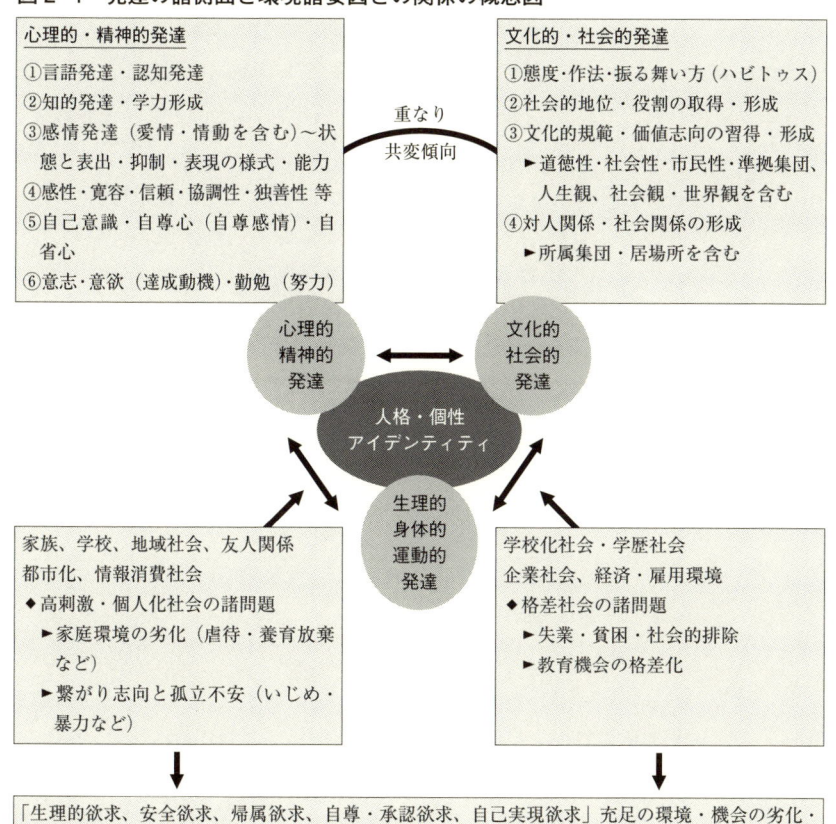

図2-1　発達の諸側面と環境諸要因との関係の概念図

（注）○□枠を結ぶ矢印は影響関係、曲線は部分的な重なり・共変傾向を示す。
（出所）藤田（2012）より。

そこでは、排除されることによってもたらされるコストと同様に、包摂されるために必要なコストも大きいであろう。仲間と友情をはぐくんだり、社会的な交流を重ねたりすることは、子どもたちが社会関係資本を高めるうえできわめて重要な役割を果たす」(Ridge, 2002/2010, p.119)。また、貧困層の子どもはそうでない子どもに比べて、停学・退学の経験が多く、無断欠席も多く、いじめを恐れており、教師との関係も良好ではない。また、彼らは学校における勉強が将来の自分に大きな意味があるとは思っておらず、早い段階から16歳後の学業継続を想定していないこと

を明らかにした。

　そのため、Ridge（2002/2010）は貧困層の子どもとそうでない子どもは学校で異なる経験をしているとして、「学校における子どもたちの間の生活体験は平等であるという前提に対して、重大な疑問を投げかけている」（p.250）。それまでの政策として扱われてきたのは「学校からの排除（Exclusion from school）」であり、中退や学校制度自体から脱落することに対する対策であった。しかし、問題はそれだけではなく、貧困層の子どもの多くが経験する「学校内の排除（Exclusion within school）」も同時に問題視しなければいけないことであると述べた。

4　子どもの貧困の定義

　上田（2012）は、子どもが生きるために必要なものは、物的な衣類・食物・住居のみならず、属する地域社会に受け入れられる人間としての行動を身につけることであり、そのためのケアと教育を欠くことはできないとしている。従って、「身体的・精神的存在としての人間の子どもの健全な成長・発達に必要・不可欠な物的・人的環境剥奪」を子どもの貧困と定義している。この視点が日本でも最近注目されている、いわゆる子どもの「相対的貧困」ではないかと考えられる。

　子どもの健全な育成に対し相対的貧困が及ぼす影響として、一つは相対的貧困にあることで子どもが子ども社会から排除されるリスクが高くなること、二つに親が相対的貧困状況にあることにより、親のストレスが高くなり、精神状況が悪化し、親が子どもと過ごす時間が少なくなったり、孤立したりすることにより、子どもが影響されることであると指摘している（阿部、2012）。

5　貧困のプロセス

　貧困を含めた社会経済的要因が一方的に人間の発達に影響を及ぼすという社会原因論の立場がある。社会的状況がさまざまな心身の機能に影響し、その累積によって発達にも影響が及ぶと推測するものである。たとえば、「経済的状況の悪化→親の経済的困窮感や心理的ストレスの増加→養育の劣化→子どもの発達へのネガティブな影響」へという養育者のストレスを経由した流れを想定している家族ストレスモデル（Conger et al., 2000）や「経済的状況の悪化→家庭の教育投資額の低下や居住環境の劣化→子どもの発達へのネガティブな影響」という主に家庭の物的環境を経由した流れを想定している家族投資モデル（Becker & Thomes, 1986）などがある。

このような社会原因論は実証研究によって支持されており、貧困は人間発達への影響を説明する理論として有効であると考えられている（Martin et al., 2010）。

また、子どもの発達には影響を及ぼすものとして社会原因論のみではなく、そこに親のパーソナリティや認知的能力などの個人的な特徴が影響しているという社会的選択論も組み合わせる必要があるとする相互作用モデルを提唱しているものもいる（Martin et al., 2010；Schofield et al., 2011）。社会経済的要因と問題行動との世代間相互関連について分析を行い（Martin et al., 2010）、祖父母世代の社会経済的要因が親世代の社会経済的要因と親の問題行動に影響し、親の社会経済的要因と問題行動はともに家庭のストレスと教育投資を経由して子ども世代の問題行動に影響するという流れを確認している。

Ⅲ 子どもの貧困

1 子どもの貧困の国際比較

2012年5月に国連のユニセフ研究所が、先進諸国における子どもの貧困についての国際比較の結果を発表した。

日本のデータは2009年の所得をもとにしているが、日本の子ども（18歳未満）の相対的貧困率は14.9％で、OECD35か国中9番目に高い貧困率であった（図2-2）。

図2-2 各国の子どもの貧困率

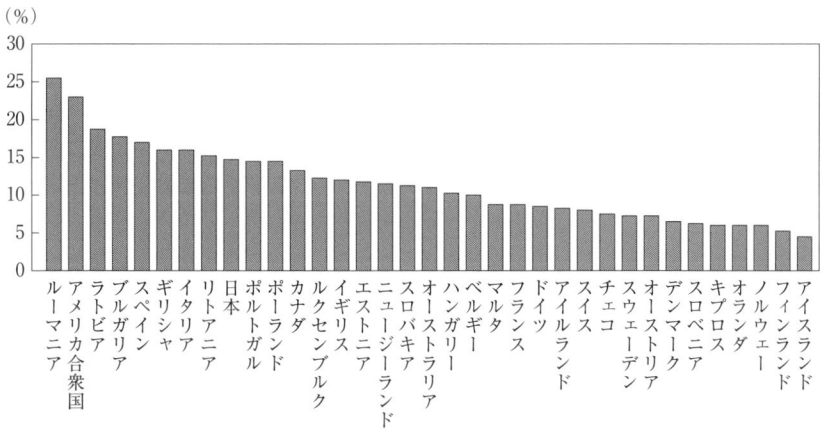

（出所）UNICEF "New league tables of child poverty in the world's rich countries".

また、政府の再分配前と再分配後の子どもの貧困率も報告している。政府は国民から税金や社会保険料を受け取り、それを、年金や生活保護、児童手当などいろいろな社会保障給付として国民に返している。このような政府の機能を政府の「再分配機能」と呼ぶ。「再分配前」は社会保険料や税金を引かれる前の所得で計算した子どもの貧困率であり、「再分配後」は税や社会保険料を払い、あらゆる給付が出た後の所得で計算した貧困率である。ほとんどの国では政府の再分配機能による貧困削減効果で、再分配前の貧困率に比べ再分配後の貧困率は大きく減少している。しかしながら、日本においては再分配前の貧困率と再分配後のそれではほとんど差がない。この原因は、日本においては社会保障給付のほとんどが年金と医療サービスで、子どものいる世帯への給付は児童手当くらいであった（2009年のデータ当時）ことによるものと考えられている。

2　日本における子どもの貧困率の推移

2011年7月、厚生労働省は「国民生活基礎調査」の2009年のデータに基づく最新の相対的貧困率と、1985年からの過去に遡る相対的貧困率を発表した（厚生労働省、2011）（図2-3）。

1985年の時点において、日本の子どもの貧困率はすでに10.9％であった。この時期はバブル経済に突入するころであり、貧困や格差という言葉もまだ一般にはあ

図2-3　相対的貧困率と子どもの貧困率

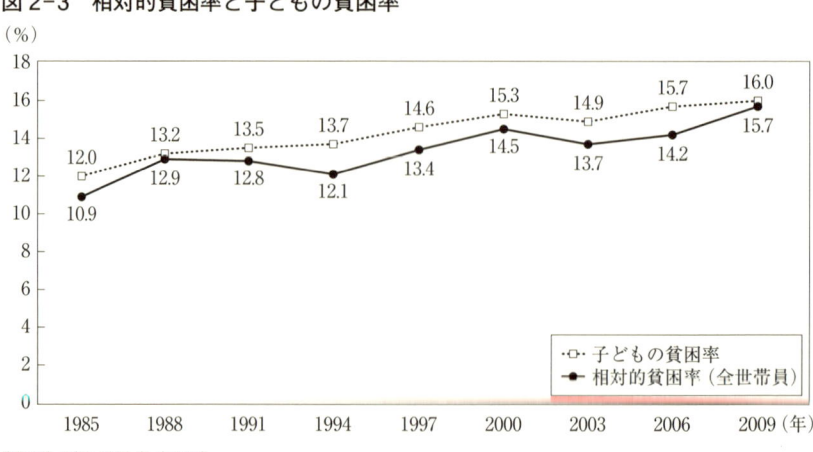

(出所) 厚生労働省 (2011)。

まり注目されていない頃である。「子どもの貧困」は新しい社会問題であるかのように受け止められることがあるが、1980年代からすでに10人に1人の子どもは貧困状況にあったことが明らかになった。

近年の調査で明らかになったことは、1985年から2009年にかけて多少の増減はあるものの子どもの貧困率は上昇していることである。四半世紀の間に社会全体の貧困率は4.0％上昇したのに対し、子どもの貧困率は4.8％も上昇している。2009年には子どもの貧困率が社会全体の貧困率とほぼ同値になっている。

3　教育機関と貧困

憲法第26条は、教育を受ける権利を定め、保護者に対して子どもの教育を受けさせる義務を課すとともに、「義務教育は、これを無償とする」と規定している。これを受けて、教育基本法第5条では、「国又は地方公共団体の配置する学校における義務教育については、授業料を徴収しない」としている。義務教育無償制の内容はこの公立小中学校における授業料の無償および小中学生の教科書代の無償にとどまっている。また「公立高等学校に係る授業料の不徴収及び高等学校等就学支援金の支給に関する法律」が2010年4月に施行され、高等学校においても、子どもの学びを社会全体で支えるようになりつつある。しかしながら、子どもが学校に通うとこのほかにもさまざまな費用がかかるのが実態である。

そのため、学校教育法第19条は、「経済的理由によって、就学困難と認められる学齢児童又は学齢生徒の保護者に対しては、市町村は、必要な援助を与えなければならない」としている。また、この就学援助に対し、国は「就学困難な児童及び生徒に係る奨学奨励についての国の援助に関する法律」等により、必要な経費の一部を補助している。

生活保護世帯の小中学生（要保護者）の場合、義務教育に伴う給食費、通学用品費、学用品については、教育扶助の対象となる。また、就学援助制度により、生活保護世帯の子どもの修学旅行費や教育扶助を受けていない要保護者、生活保護の対象に準ずる程度に困窮している小中学生（準要保護者）に義務教育に伴う費用の一部を給付している（図2-4）。

文部科学省が2012年4月に報告した「学校給食費の徴収状況に関する調査の結果について」によると、2010年度の学校給食費の未納者のいる学校の割合は51.1％と過半数に達した。また、未納者の割合は約1.0％であった。未納の原因に

図2-4 教育扶助と就学援助の関係

		保護者が義務教育のために支出するおもな経費			
		学校給食費	通学用品費	学用品費	修学旅行費
要保護者	生活保護法の教育扶助を受けている小中学生	教育扶助			
	保護を必要とする状態にあるが、教育扶助を受けていない小中学生	就学援助（国庫補助）			
準要保護者	要保護者に準ずる程度に困窮している小中学生	就学援助（国庫補助廃止、市町村の一般財源化）			

ついて、学校が一番多く指摘しているのは、「保護者の責任感や規範意識の問題」であり53.2％を占めていたが、続いて「経済的問題」が43.5％であった。

　就学援助は生活保護を受ける要保護世帯と、生活保護世帯に近い状態にあると市区町村が認定した準要保護世帯が対象である。この支給対象となった小中学生は2011年度に156万7,831人（要保護は15万2,060人、準要保護は141万5,771人）に上がったことが文部科学省の調査で分かった。前年度より1万6,748人増え、過去最多を更新した。この数値は調査開始時の1995年度（約76万6千人）から16年連続増加している。全児童生徒に占める対象者の割合も過去最多の16％となった。都道府県別の対象者の割合は大阪が27％で最も高く、次いで山口25％、高知24％であった。また、最も低い栃木、群馬、静岡はいずれも6％であった。準要保護については自治体によって認定基準が異なるため、地域ごとにばらつきが出ている。この他、財政力の低い市町村ほど、就学援助率が高い傾向（鳶、2009）があり、子どもの貧困に対応すべき就学援助制度の運用のほとんどが市町村に任せられている現状には、再考が必要である。本来なら、これらの教育扶助や就学援助により、給食費はすべての者が支払い可能なはずではあるが、現実にはこれらの制度がうまく運用されていないことが推測される。

　2006年に文部科学省が教育委員会を対象として実施したアンケート調査によれば、過去10年間（1995〜2004年度）における就学援助受給者数増加の要因・背景について、「企業の倒産やリストラなど経済的状況の変化によるもの」76％、「離婚などによる母子・父子家庭の増加、児童扶養手当受給者の増加」60％であった。今回の2011年度の結果について文部科学省は「景気低迷に加え、東日本大震災の

影響を受けた連鎖倒産などが被災地以外にも広がり、増加につながったのではないか」としている。震災で家計が悪化した子どもには通常の就学援助と別の枠組みで給食費などが支給されており、公的支援を頼りにする子どもはさらに多いものと考えられる。

4 進学と貧困

　経済協力開発機構は2012年9月、2009年の加盟各国の国民総生産（GDP）に占める学校など教育機関への公的支出の割合を発表した。日本は3.6％でデータが比較可能な31か国中最下位であった（この数値には2010年度から実施の高校無償化の支出は含まれていない）。日本は3年連続最下位で「日本は大学で家計の負担割合が高い」としている。日本の教育支出に占める私費負担の割合は31.9％で、チリ、韓国に続いて3番目に高い。大学などの高等教育機関や幼稚園段階の私費負担の割合が高かった。私費負担が多くなればなるほど、貧困世帯の子どもにとって進学は難しいものとなり、子どもが受けることのできる教育の平等は保障されなくなる。
　その現れとして、生活保護世帯の子どもの高校進学率は一般世帯に比べて低い。平成24年度厚生労働省所管概算要求における「日本再生重点化措置」の資料によると平成23年度においては全国平均で、一般世帯の高校進学率は98.2％であるのに対し、生活保護世帯では89.5％であった。生活保護世帯において進学率が低い要因として、「親が教育や進学について、熱意や関心がないこと」と「生活が不規則であったり、学習習慣が身についていないことなどから、基礎学力が乏しいこと」が挙げられている。

5 学力と貧困

　これまで家庭の経済的な状況が、子どもの学力・学習意欲や意識に影響を与えていることが指摘されている（刈谷、2001；刈谷・志水、2004；岩川・伊田、2007など）。
　2007年から文部科学省「全国学力・学習状況調査」が実施されるようになり、調査研究が行われるようになった（志水・高田、2012；刈谷、2012など）。これらの研究の多くはある地域で独自に行った調査のデータに基づくものだが耳塚（2009）は、文部科学省の委託調査として、「全国学力・学習状況調査」のデータをもとに、学力格差について分析した。その結果によると、家庭の経済力によって学力に一貫した格差があることと貧困が低い学力の背景要因になっていることを明らかにし

た。

　近年深刻な経済不況を背景として生活保護世帯が急増していることを受けて、生活保護世帯への自立支援の取り組みが生活保護行政における重点課題の一つとして進められている。生活保護世帯の子どもについても、厚生労働省によって「子どもの貧困の連鎖解消については、現在の貧困・格差問題の最重要課題の一つである」(厚生労働省社会・援護局、2012)とされている。

　先駆的に、民間の支援団体と協働して学習支援等を行った自治体では、参加した子どもの進学率が一般世帯並になるなどの効果がみられた(埼玉県の例：高校進学率平成21年度生活保護世帯全体86.9%、平成22年事業参加者97.5%)。全国の自治体、福祉事務所で「社会的な居場所づくり支援事業」による学習支援の場の提供をはじめとした子どもへの支援が広がりつつある。

　学習支援プログラムをはじめとする子どもへの支援プログラムは、2005(平成17)年から始まった「自立支援プログラム」の一環として、取り組まれており、2009(平成21)年からは「子どもの健全育成に関するプログラム」の作成・実勢が方針にあげられ、2010(平成22)年には「子どもの健全育成支援事業」として事業化された。2011(平成23)年から「社会的な居場所づくり支援事業」として実施している。このような取り組みにより、貧困がもたらす教育格差を減少させる効果があることが明らかになっている。

6　家庭環境と貧困

　近年、貧困状態にある家庭に育った子どもが直面する不利と困難に関して子どもを主体に分析した報告がなされるようになってきた(阿部、2006、2008；子どもの貧困白書編集委員会、2009)。

　このような流れの中で、内閣府(2012)は出身家庭の経済状況、特に貧困世帯とそこに育つ子どもの行動と意識の関連について考察することを目的として「親と子の生活意識に関する調査」を実施した。調査対象の子どもは義務教育の最終学年である中学3年生で、学歴分化がはじまる直前の状況を把握したものである。

　貧困家庭の子どもは非貧困家庭の子どもと比較すると、学校での成績は下の方に偏り、授業の理解度が低く、学校の授業以外の勉強時間も短い。また、両親と子どもの勉強や成績についての会話が貧困世帯では非貧困世帯よりも少なかった。

　子どもに関しては総合的な健康状態と心の健康に関しては、貧困世帯と非貧困世

帯の間では大きな違いは全く見られなかった。また、子どもが考える家庭の温かさ、両親との会話の頻度では、貧困世帯と非貧困世帯では明らかな差はなかった。一方、親の教育方針についても、貧困による差はなく、すべての家庭において、「他人を思いやること」「目標を立てて努力すること」が重視されていた。

しかしながら生活保護世帯の親の自尊感情は低く、健康状態が悪いものも多かった。また、抑うつ感情も高く、心身の健康状態がすぐれない親が多いことが明らかになった。この調査では、祖父母世帯の貧困や夫婦関係の悪さが親のメンタルヘルスに影響を与えていた。家庭環境は子どもの発達に多くの影響を及ぼすものであり、子どもを取り巻くより良い環境を整えるという視点から、貧困世帯の親のメンタルヘルスに対する支援が必要である。

7　人間関係と貧困

この他、相対的貧困にある子どもたちは7歳の時点において、接する友達の人数が少なく、交友関係が不利な状況に置かれている。また、同年齢とのつながりだけでなく、親以外のバラエティに富む大人との交流も相対的に少ない結果が明らかになった（阿部、2012）。これらは決定的にではないにしろ、相対的貧困におかれた子どもたちが社会資本を育むうえでの「不利」として蓄積されていくであろうと述べている。

8　乳幼児と貧困

子どもと貧困について考えるときに、子どもの年齢によって貧困の影響がどのように発達に関わってくるかが違ってくる。海外では貧困による影響が低年齢で始まり、長期にわたるほど発達への影響が大きくなることが示されてきている（Huston & Bentley, 2010）。

厚生労働省が2007年に発表した調査によると、2006年度における保育所の保育料の滞納額は約83.7億円（保育料総額の1.7%）、滞納者数は8万5,120人（保護者総数の4.3%）となっており、約3分の2の市町村が過去5年間において滞納額が増加したと回答した。滞納額増加の主な原因として、「保護者の責任感の欠如や規範意識の低下」（65.9%）という回答が最も多かったが、次いで「保護者の収入減少」（19.4%）が挙げられていた。保育所は義務教育ではないが、ひとり親世帯や共働き世帯にとって、なくてはならない存在である。貧困世帯においては、親が働かなく

てはならないという状況であることが多く、保育に欠ける子どもたちにとって、子どもの発育に必要な場である。ほとんどの自治体は低所得の世帯に対し保育料の減免制度を設けて保育料を補助している。しかし、現実には保育料が納められない滞納者が存在している。これに関しては、保育料の減免措置は前年の世帯所得をもとに決定されるため、前年と比べて、家族の就労状況や経済状況が変化した場合に即座に対応されないからではないかと考えられている。実方（2008）は「滞納している保護者の割合4.3％に比べ、滞納額が保護者負担額の1.7％と低いことから考えると、保育料の低い低所得者層に滞納者が多いことが推測される」と述べている。また、保育料を払うことができないため子どもは保育所を退所せざるをえない状況になる。しかし、母親は就労を辞めることはできないので、結果として、母親が就労している間、自宅で放置されている子どもの例などが報告されている。このような状況の下で、貧困世帯の乳幼児にとって、子どもたちの健全な発育が平等に保障されているとは言い難いものとなっている。

「第1回妊娠出産子育て基本調査」（ベネッセ次世代育成研究所、2007）のデータをもとに、菅原（2012）は、低所得であることが親の精神的ストレスを蓄積させたり、子育てしにくい住居環境に住むことに繋がったりしており、親の精神的な不安定さとそのことに由来する養育態度の劣化と親の教育投資を経由して子どもの健康や発達と関連する可能性を示唆している。

6歳未満の子どもを持つ夫婦世帯の場合、経済的に困窮している世帯では、労働時間が長く育児にかける時間が短いことを示唆している（山野、2011）。このような金銭的にも時間的にも余裕がない環境は、親の子育てに対するストレスが高まりやすいことが推測される。また、子どもにとっても親からの刺激や愛情を感じ取ることが難しい状況になるであろう。

Ⅳ　ひとり親家族と貧困

1　ひとり親家族の現状

「平成23年度全国母子世帯等調査結果報告書」（厚生労働省雇用均等・児童家庭局家庭福祉課、2012b）によると2011年11月1日現在の母子世帯と父子世帯の状況は表2－1のようであった。

ひとり親世帯の調査時点における母子世帯の母の平均年齢は39.7歳、末子の平均年齢は10.7歳であり、父子世帯の父の平均年齢は44.7才、末子の平均年齢は

表 2-1　ひとり親家族の現状

	母子世帯*	父子世帯**
1　世帯数（推計値）	123.8 万世帯	22.3 万世帯
2　ひとり親になった理由	離別　80.8%	離別　74.3%
	死別　7.5%	死別　16.8%
3　就業状況	80.6%	91.3%
うち正規の職員・従業員	39.4%	67.2%
うち自営業	2.6%	15.6%
うちパート・アルバイト等	47.4%	8.0%
4　平均年間収入（世帯の収入）	291 万円	455 万円
5　平均年間就労収入（母又は父の就労収入）	181 万円	360 万円

(注)＊母子世帯：父のいない児童（満 20 歳未満の子どもであって、未婚のもの）がその母親によって養育されている世帯。
　　＊＊父子世帯：母のいない児童がその父親によって養育されている世帯。
(出所) 厚生労働省雇用均等・児童家庭局家庭福祉課 (2012b)。

12.3 歳であった。親・子ともに母子世帯より父子世帯の方が年齢は高い。低年齢での離婚が増えていることから、母子世帯の母親の年齢は 20 代が約 3 割、30 代が約 4 割を占める。そのため、子どもの年齢も低いことが多くなっていた。また、母子世帯の平均世帯員は 3.42 人、父子世帯の平均世帯員は 3.77 人であり、親と同居する割合は母子世帯で 28.5%、父子世帯で 50.3% となっており、子ども以外の同居者がいる割合は父子世帯が高い。

　平均年間収入（2010〔平成 22〕年）は、母子世帯で 291 万円、父子世帯で 455 万円であり、児童のいる世帯の平均所得を 100 として比較すると、母子世帯 44.2、父子世帯 69.1 である。また、母子世帯の母の貯蓄額は 50 万円未満が 47.1% を占めていた。子どもの最終進学目標は「高校」とする親が母子世帯で 30.4%、父子世帯で 37.6% であり、「大学・大学院」とする親が母子世帯で 38.5%、父子世帯で 35.5% であった。ひとり親世帯の親の約 4 割が子どもに高等教育を受けさせたいと思っている。

2　ひとり親世帯と貧困

　貧困世帯は父母ともに配偶者がいないひとり親世帯で出現率が高くなっており、特に母子世帯での出現率が高いことが明らかになってきている。以前より日本のひとり親たちの貧困率は、先進国の中で最もかつ群を抜いて高いことは一部の人によって注目されてきていた。ひとり親世帯の貧困率が 50% を超えているのは日本

だけであり、「貧困大国」と呼ばれているアメリカよりも高い。特に母子世帯ではその数字が約3分の2となる（阿部、2008）との報告もあった。そのため、貧困問題を分析する場合、特に母子世帯に焦点を当てる必要がある（内閣府、2012）と報告した。

母子世帯に関する実態調査の中で、シングルマザーに対する偏見に悩んでいることと、仕事や経済面での余裕のなさが明らかにされた（山野、2011）。多くのシングルマザーがパートやアルバイト、派遣労働などの非正規労働に従事しているのが日本の特徴である。賃金の低さから仕事を掛け持ちせざるを得ない母親たちが多いのである。「しんぐるまざあず・ふぉーらむ」の調査によれば、5人に1人のシングルマザーたちが2つ以上の仕事を掛け持ちしていた。これは、1つの就労から得られる収入が低いことによるものと考えられるが、それにより母親たちの精神的・肉体的疲労がより増大していることが推測される。

3 ひとり親家庭の支援

2012年4月に厚生労働省雇用均等・児童家庭局家庭福祉課（2012a）が発表した「ひとり親家庭の支援について」の中で、母子家庭の自立支援策の概要を図2-5の

図2-5 母子家庭の自立支援策の概要

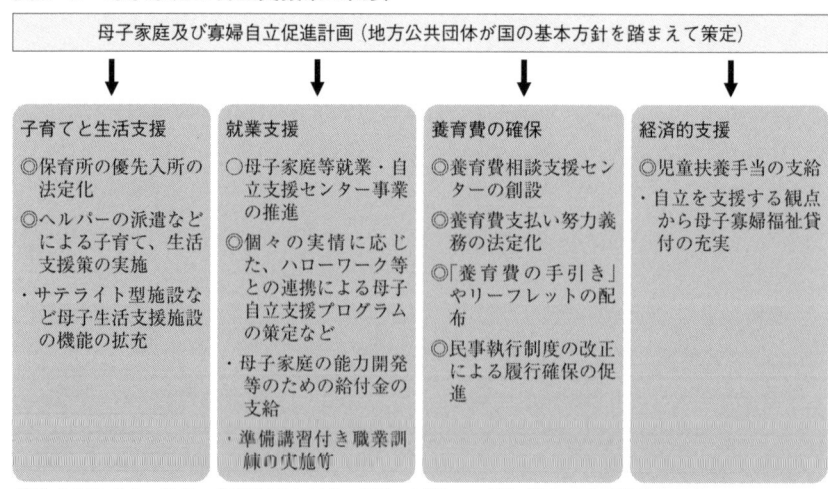

（注）上記のうち、◎は、父子家庭も対象。○は、事業の一部に関して父子家庭も対象。
（出所）厚生労働省雇用均等・児童家庭局家庭福祉課（2012a）。

ように報告している。それは2002年に母子及び寡婦福祉法、児童扶養手当法等を改正し、「就業・自立に向けた総合的な支援へ」と施策を強化したものである。

図2-5に示すように、具体的には「子育て・生活支援策」、「就労支援策」、「養育費の確保策」、「経済支援策」を4本柱に総合的な自立支援を展開している。

V　今後の課題

Gordonは、2012年1月国立社会保障・人口問題研究所主催の公開シンポジウム「社会的包摂：政策の成功と失敗～イギリスの経験、日本の希望～」において、子どもの貧困の結果として、死亡率（社会階層と強く関連）、有病率、事故、精神疾患、自殺、性的虐待を除く虐待、10代の妊娠、環境／居住状態、ホームレス、成績不振（学力）等に影響が表れると述べた。

相対的貧困により親や家庭内のストレスが高まると、子どもたちは身体的・心理的影響を強く受ける。家庭の中にストレスが満ち溢れ、心のゆとりがない生活が続くことは、最悪の場合児童虐待などにも繋がってしまう。そこまでいかないにしても、子ども自身の健やかな成長を妨げるものになる。

現代社会におけるストレスの最大要因は、他者に比べられることによる劣等感や絶望感、継続的な金銭的困窮親による不安定感など、相対的貧困に深く関係しているのである（阿部、2012）。さらに、親のストレスが及ぼす、子どもへの悪影響は胎児の段階から蓄積されるという。妊娠時の母親のストレスは、生まれてきた子どもの出生体重に関係しているだけでなく、3歳時点での子どもの問題行動や心理的問題にも関係している（Wilkinson, 2005）。

国連子ども委員会第3回政府報告書審査に基づく同委員会の総合所見では、初めて「子どもの貧困」問題が取り上げられ、勧告を受けた。その内容は、わが国の政策は子どもの間に存在する不平等や格差に対して、権利をベースとした包括的な国内行動計画が欠如している。不利な状況にある子どもや家庭を優先して、財政的・社会的・心理的支援を提供すべきである。また、すべての子どもを対象とする子ども手当制度が、貧困率引き下げにおいて、現行の生活保護や母子世帯への支援と比較して有効かどうかを評価するデータがない。貧困削減戦略を策定して、子どもの貧困を根絶するための適切な資源配分をする必要があるというものであった（子どもの権利条約NGOレポート連絡会議、2011）。

その後、子どもの貧困問題に対して検討されているが、まだ充分ではない。子どもにとって貧困は現在の生活に影響を及ぼすだけでなく、その子どもの将来にまで影響を及ぼしている。その意味において、大人の貧困より深刻な問題として社会が取り上げる必要がある。子どもに対する給付は未来への投資であり、子どもの貧困対策は社会全体で考えていかなければいけない課題である。

【参考文献】
- 阿部彩（2006）「貧困の現状とその要因」小塩隆士・田近栄治・府川哲夫編『日本の所得分配——格差拡大と政策の役割』東京大学出版会
- 阿部彩（2008）『子どもの貧困——日本の不公平を考える』岩波新書
- 阿部彩（2012）「『豊かさ』と『貧しさ』——相対的貧困率」『発達心理学研究』23巻4号、326〜374頁
- Becker, G. S., & Thomes, N. (1986) "Human capital and the rise and fall of families," *Journal ob Labor Economics*, Vol.4, No.3, pt.2, pp.S1–S39
- ベネッセ次世代育成研究所（2007）『第1回妊娠出産子育て基本調査』ベネッセコーポレーション
- Bronfenbrenner, U., & Morris, P. A. (2006) "The bioecological model of human development," In W. Damon & R. M. Lerner (Eds.), *Handbook of Child Psychology 6th ed.*, Vol.1, New York: Wiley, pp.793-828
- Conger, K. J., Rueter, M. A. & Conger, R. D. (2000) "The role of economic pressure in the lives of parents and their adolescents: The family stress model," In L. J. Crockett & R. K. Silbereisen (Eds.), *Negotiating adolescence in times of social change*. New York: Cambridge University Press, pp.201-223
- Esping-Andersen, G.（2001）岡沢憲芙・宮本太郎監修『福祉資本主義の三つの世界——比較福祉国家の理論と動態』ミネルヴァ書房（Esping-Andersen, G. (1990) *The three worlds of welfare capitalism*, Cambridge: Polity Press）
- 藤田英典（2011）「教育政策の動向と家族・教育の役割の変容」家族問題研究学会編『家族研究年報』No.36、5〜31頁
- 藤田英典（2012）「現代の貧困と子どもの発達・教育」『発達心理学研究』23巻4号、439〜449頁
- 鳫咲子（2009）「子どもの貧困と就学援助制度——国庫補助制度廃止で顕在化した自治休間格差」『経済のエスプリ』No.65、28〜49頁
- Giddens, A.（1999）佐和隆光訳『第三の道——効率と公正の新たな同盟』日本経済新聞社（Giddens, A. (1998) *The Third way: The renewal of social democracy*, Cambridge: Polity Press）

- 平岡公一（2010）「高齢期の貧困・格差問題にかかわる老年社会科学研究の展望──『格差センシティブ』な研究の展開に向けて」『老年社会科学』32巻、56～63頁
- Huston, A. C., & Bentley, A. C. (2010) "Human development in social context," *Annual Review of Psychology*, 61, pp.411-437
- 岩川直樹・伊田広行編（2007）『貧困と学力（未来への学力と日本の教育　第8巻）』明石書店
- 岩田正美（2007）『現代の貧困──ワーキングプア／ホームレス／生活保護』ちくま新書
- リスター・R（2011）『貧困とはなにか──概念・言説・ポリティクス』（松本伊智朗監訳、立木勝訳）、明石書店
- 苅谷剛彦（2001）『階層社会日本と教育危機──不平等再生産から意欲格差社会へ』有信堂高文社
- 苅谷剛彦・志水宏吉編（2004）『学力の社会学──調査が示す学力の変化と学習の課題』岩波書店
- 苅谷剛彦（2012）『学力と階層』朝日新聞出版
- 子どもの貧困白書編集委員会編（2009）『子どもの貧困白書』明石書店
- 子どもの権利条約NGOレポート連絡会議（2011）『子どもの権利条約からみた日本の子ども（国連・子どもの権利委員会第3回日本報告審査と総括所見）』現代人文社
- 厚生労働省（2007）「保育所保育料の徴収状況に関する調査の結果について（改正版）」
- 厚生労働省（2011）「平成22年国民生活基礎調査の概況」
- 厚生労働省雇用均等・児童家庭局家庭福祉課（2012a）「ひとり親家庭の支援について」
- 厚生労働省雇用均等・児童家庭局家庭福祉課（2012b）「平成23年度全国母子世帯等調査結果報告」
- 厚生労働省社会・援護局（2012）「全国厚生労働関係部局長会議資料（厚生分科会）　社会・援護局　詳細資料1」8頁
- Martin, M. J., Conger, R. D., Schofield, T. J. & Family Research Group (2010) "Evaluation of the interactionist Model of socioeconomic status and problem behavior: A developmental cascade across generations," *Development and psychopathology*, 22, pp.695-713
- 実方伸子（2008）「保育の場からみる子どもの貧困──子どもと家族をまるごと支える」浅井春夫・松本伊知郎・湯澤直美編『子どもの貧困──子ども時代のしあわせ平等のために』明石書店
- 耳塚寛明（2009）「お茶の水女子大学委託研究・補完調査について」（文部科学省「全国学力・学習状況調査の結果を用いた追加分析結果について」平成21年8月）〈http://www.mext.go.jp/b_menu/shingi/chousa/shotou/045/shiryo/__icsFiles/afieldfile/2009/08/06/1282852_2.pdf〉
- 文部科学省（2006）「就学援助に関する調査結果について」
- 内閣府子ども若者・子育て施策総合推進室（2012）「親と子の生活意識に関する調査報告

書」
- リッジ・T（2010）渡辺雅男監訳、中村好孝・松田洋介訳『子どもの貧困と社会的排除』桜井書店（Ridge, T.（2002）*Childhood poverty and social exclusion: From a child's perspective*, Bristol: The Policy Press.）
- Schofield, T. J., Martin, M. J., Conger, R. D., Nepple, T. K., Donnellan, M. B. and Conger, K. J.（2011）"Intergenerational transmission of adaptive functioning: A test of the interactionist model of SES and human development," *Child Development*, 82（1）, pp.33-47
- 志水宏吉・高田一宏編（2012）『学力政策の比較社会学【国内編】──全国学力テストは都道府県に何をもたらしたか』明石書店
- 鎮目真人（2011）「貧困・低所得のとらえ方と福祉」平岡公一・杉野昭博・所道彦・鎮目真人『社会福祉学』有斐閣、195 〜 215頁
- 菅原ますみ（2012）「子ども期のQOLと貧困・格差問題に関する発達研究の動向」菅原ますみ『格差センシティブな人間発達科学の創成　1巻　子ども期の養育環境とQOL』金子書房、1 〜 23頁
- 上田礼、（2012）「子どもの発達と地域環境──発達生態学的アプローチ」『発達心理学研究』23巻4号、428 〜 438頁
- Wilkinson, R.（2005）*The impact of inequality*, New York: The New Press
- 山野良一（2011）「子どもの『無縁社会』──止まらない子どもの貧困」『人権と部落問題』No.822、2011年11月号
- Education at a Glance 2012 OECD indicators 〈http://www.oecd.org/edu/eag2012%20%28eng%29--Ebook%20%28FINAL%2011%2009%202012%29.pdf〉
- New league tables of child poverty in the world's rich countries 〈http://www.unicef-irc.org/publications/pdf/rc10_eng.pdf〉

第3章　児童養護施設の子どもたちの人権を考える

吉村 譲

はじめに

　児童養護施設に入所している子どもたちや児童相談所が児童養護施設に入所を決定した子どもたちに『子どもの権利ノート』が渡されている。名称は少しずつ異なるものの、多くの都道府県市で『子どもの権利ノート』は作られている。

　これまで筆者は児童相談所や児童養護施設などの児童福祉施設で勤務し、子どもの権利について子どもたちに話す機会がしばしばあった。しかしふり返ってみると子どもの権利、人権ということについて自分自身が十分に理解し、子どもたちにわかるように説明できていたと自信を持って言うことができない。そこで子どもの権利、人権ということについてもう一度、考えてみたいと思う。

　児童養護施設の子どもたちの人権について考えるためには、世界中の子どもたちの人権について述べた国連「児童の権利に関する条約」について理解する必要がある。そして子どもたちのなかでも社会的養護の対象となる子どもの人権について述べている国連「子どもの代替養育に関するガイドライン」について学ぶ必要がある。さらに日本における子どもの権利について述べてあるいくつかの法律と、厚生労働省が2012年3月に出した「社会的養護施設運営指針及び里親及びファミリーホーム養育指針」についても理解しなければならない。これらの条約、ガイドライン、法律等に基づいて子どもの権利ノートは作られている。これらのことに触れた後、筆者が関わっている施設の子どもたちのために使用する岐阜県が作成した子どもの権利ノートを考えてみたい。

I　子どもの権利に関するあゆみ

　子どもの権利について定めた最初の国際文書は、1924年に国際連盟で採択され

た「児童の権利に関するジュネーヴ宣言」である。この宣言では「人類が児童に対して最善のものを与える義務を負う」と明記され、子どもの心身の正常な発達や生活保障などの5原則が述べられている。この宣言は世界中のすべての子どもを対象とするには配慮に欠ける部分もあると指摘されているが、子どもの権利についての世界で最初の宣言であることは重要なことである。

そして1959年に「児童の権利に関する宣言」が第14回国連総会で採択された。この宣言はジュネーブ宣言や1948年の世界人権宣言を踏まえ、子どもを権利主体としてとらえている。そして宣言で掲げられた権利を無差別平等に享有することや、放任・虐待・搾取から保護されることなど全10条を定めた。

1966年には「経済的、社会的及び文化的権利に関する国際規約」のなかで、子どもに対して広範な援助が与えられるべきであることや、すべての子どもに差別なく保護や援助を行うことが述べられている。また同時に採択された「市民的及び政治的権利に関する国際規約」のなかでは、子どもに関することとして親の婚姻解消の際の保護措置や氏名の保有、国籍取得の権利などを定めている。

そして1978年ポーランドから国連人権委員会に「児童の権利に関する条約」の案が提出され、約10年の検討の後、1989年の第44回国連総会で採択された。この条約は前文と本文54条から構成されている。日本はこの条約を1994年に批准した。児童養護施設の子どもたちのための権利ノートにおいてもこの条約は根幹を為している。

2009年には国連子どもの権利条約の20周年を記念して、国連総会において「子どもの代替養育に関するガイドライン」が採択された。このガイドラインは実親による養育を奪われたり、実親に養育されなくなった子どもたちがよりよい養育を受けられるようにするためのものであり、世界中の国が自国の代替養育について見直すためのものでもある。

日本における子どもに関する法律は1868年の堕胎禁止令、1871年の棄児養育米給与方、1874年の恤救規則、1900年の感化法、1929年の救護法、1933年の少年救護法と児童虐待防止法などがあるが、いずれも基本理念は子どもを救済することにあった。子どもの権利については1946年の日本国憲法により、子どもは尊重されるべき人格を持った人間であり基本的人権が保障されることが明確にされた。1947年には児童福祉法が制定された。児童福祉法第1条第1項では「すべて国民は、児童が心身ともに健やかに生まれ、且つ、育成されるよう努めなければならな

い」、同条第2項は「すべて児童は、ひとしくその生活を保障され、愛護されなければならない」、第2条は「国及び地方公共団体は、児童の保護者とともに、児童を心身ともに健やかに育成する責任を負う」と定めている。これらは児童養護施設で暮らす子どもたちの権利を保障する根拠でもある。1951年5月5日に制定された児童憲章では「すべての児童は、家庭で、正しい愛情と知識と技術をもって育てられ、家庭に恵まれない児童には、これにかわる環境が与えられる」と規定された。

　1993年の厚生省による子どもの未来21プラン研究会の報告書では、子どもを権利主体として位置づけ、子どもの意見を最大限に反映することや子どもの最善の利益にかなうサービスの提供、子どもの成長・発達の可能性を最大限に発揮できるようにすることなどが述べられている。そして1994年の子どもの権利条約の批准を契機に子どもの権利についての取り組みが本格的になった。

　2011年に「社会的養護の課題と将来像」が厚労省の専門委員会においてとりまとめられ、それに基づいて2012年には社会的養護専門委員会で検討され「児童養護施設運営指針」「乳児院運営指針」「情緒障害児短期治療施設運営指針」「児童自立支援施設運営指針」「母子生活支援施設運営指針」「里親及びファミリーホーム養育指針」が定められた。

Ⅱ　国際的視点からの児童養護施設
1　国連「児童の権利に関する条約」から

　児童養護施設の子どもの権利を考えるとき国連総会で採択された「児童の権利に関する条約」の存在は重要な位置を占めている。そのなかで児童養護施設の子どもの権利を考える基となる主な条項について見てみたい。

〈「児童の権利に関する条約」から（抜粋）〉（＊丸ゴシックは条約の本文）

第3条（児童の最善の利益）

1　児童に関するすべての措置をとるに当たっては、公的若しくは私的な社会福祉施設、裁判所、行政当局又は立法機関のいずれによって行われるものであっても、児童の最善の利益が主として考慮されるものとする。

2　締約国は、児童の父母、法定保護者又は児童について法的に責任を有する他の者の権利及び義務を考慮に入れて、児童の福祉に必要な保護及び養護を確保することを約束し、このため、すべての適当な立法上及び行政上の措置をとる。

3 締約国は、児童の養護又は保護のための施設、役務の提供及び設備が、特に安全及び健康の分野に関し並びにこれらの職員の数及び適格性並びに適正な監督に関し権限のある当局の設定した基準に適合することを確保する。

この条文により、児童相談所が子どもを児童養護施設に入所させる決定をする場合、そこがその子にとって最善の利益を得る場所であるかどうかを十分に吟味したうえで選択しなければならないことを明確にしている。そして児童養護施設は子どもが成長するために適切な環境でなければならないことを示している。

　第6条（生命の権利、生存・発達の確保）
　1 締約国は、すべての児童が生命に対する固有の権利を有することを認める。
　2 締約国は、児童の生存及び発達を可能な最大限の範囲において確保する。

児童養護施設で暮らす子どもたちは生きる権利を有し、発達するために必要なものを求めることができるということである。

　第7条（名前・国籍を得る権利、親を知り養育される権利）
　1 児童は、出生の後直ちに登録される。児童は、出生の時から氏名を有する権利及び国籍を取得する権利を有するものとし、また、できる限りその父母を知りかつその父母によって養育される権利を有する。

社会的養護の子どもたちのなかには出生についてよくわからない子もいる。しかしできるかぎり子ども自身の生まれた時のこと、その後の成長についてわかるようにしておくことが必要であり、子どもから尋ねられたときには適切に対応できるようにしておかなければならない。また父母とともに生活することを第一に考えなければならないことをこの条文は述べている。

　第9条（親からの分離禁止と分離のための手続き）
　1 締約国は、児童がその父母の意思に反してその父母から分離されないことを確保する。ただし、権限のある当局が司法の審査に従うことを条件として適用のある法律及び手続に従いその分離が児童の最善の利益のために必要であると決定する場合は、この限りでない。このような決定は、父母が児童を虐待し若しくは放置する場合又は父母が別居しており児童の居住地を決定しなければならない場合のような特定の場合において必要となることがある。

第7条においても父母による養育を最優先にすることを述べているが、さらにこの条文において親子の分離の禁止を明確に述べている。しかし親の不適切な養育といったときには児童養護施設などに入所するということも仕方がない。そのような

場合であっても子どもにとっての最善の利益であることが重要である。

　　第12条（意見表明権）
　　1　締約国は、自己の意見を形成する能力のある児童がその児童に影響を及ぼすすべての事項について自由に自己の意見を表明する権利を確保する。この場合において、児童の意見は、その児童の年齢及び成熟度に従って相応に考慮されるものとする。
　　2　このため、児童は、特に、自己に影響を及ぼすあらゆる司法上及び行政上の手続において、国内法の手続規則に合致する方法により直接に又は代理人若しくは適当な団体を通じて聴取される機会を与えられる。

施設で生活する子どもたちは自分の意見を述べる権利を持っている。そして施設の子どもたちの意見に耳を傾ける適切な代理人、機関を用意しなければならない。そのようにして表明された子どもたちの意見を適切に反映できるようにしなければならない。

　　第13条（表現・情報の自由）
　　1　児童は、表現の自由についての権利を有する。この権利には、口頭、手書き若しくは印刷、芸術の形態又は自ら選択する他の方法により、国境とのかかわりなく、あらゆる種類の情報及び考えを求め、受け及び伝える自由を含む。

児童養護施設で生活していても自由に表現でき、自分が得たい情報を得る権利を持っているということである。

　　第16条（プライバシー・通信・名誉の保護）
　　1　いかなる児童も、その私生活、家族、住居若しくは通信に対して恣意的に若しくは不法に干渉され又は名誉及び信用を不法に攻撃されない。

児童養護施設で生活する子どもは、施設のなかでの自分の空間を守られなければならないということである。そして子どもたちが家族などに電話したり、手紙を送ったりすることを拒まれたり、送られてきた手紙などを勝手に処分されたりすることはあってはならないということである。

　　第17条（多様な情報源からの情報及び資料の利用）
　　　締約国は、大衆媒体（マス・メディア）の果たす重要な機能を認め、児童が国の内外の多様な情報源からの情報及び資料、特に児童の社会面、精神面及び道徳面の福祉並びに心身の健康の促進を目的とした情報及び資料を利用することができることを確保する。

第13条において情報を得る自由について述べられていたが、この条文ではさらにそのことを明確に述べている。子どもの社会面、精神面、道徳面、福祉、健康の促進を目的とした情報を多様な媒体により得られるようにしなければならないということである。

第18条（親の第一次的養育責任と国の援助）
1　締約国は、児童の養育及び発達について父母が共同の責任を有するという原則についての認識を確保するために最善の努力を払う。父母又は場合により法定保護者は、児童の養育及び発達についての第一義的な責任を有する。児童の最善の利益は、これらの者の基本的な関心事項となるものとする。
2　締約国は、この条約に定める権利を保障し及び促進するため、父母及び法定保護者が児童の養育についての責任を遂行するに当たりこれらの者に対して適当な援助を与えるものとし、また、児童の養護のための施設、設備及び役務の提供の発展を確保する。

　子どもの養育について親が責任を負い、子育てのための支援を国はしなければならない。子育て支援の機関として日本では児童相談所の役割は大きなものがある。そして親とともに暮らせない子どもたちのために国は児童養護施設などを提供し、その施設で適切な子育てができるようにするのも国としての役割である。

第19条（親による虐待・放任・搾取からの保護）
1　締約国は、児童が父母、法定保護者又は児童を監護する他の者による監護を受けている間において、あらゆる形態の身体的若しくは精神的な暴力、傷害若しくは虐待、放置若しくは怠慢な取扱い、不当な取扱い又は搾取（性的虐待を含む。）からその児童を保護するためすべての適当な立法上、行政上、社会上及び教育上の措置をとる。
2　1の保護措置には、適当な場合には、児童及び児童を監護する者のために必要な援助を与える社会的計画の作成その他の形態による防止のための効果的な手続並びに1に定める児童の不当な取扱いの事件の発見、報告、付託、調査、処置及び事後措置並びに適当な場合には司法の関与に関する効果的な手続を含むものとする。

　この条文は子どもの虐待など不適切な養育を禁止するものである。児童養護施設のなかで、職員による子どもへの暴力といった施設内虐待や子ども同士の暴力や嫌がらせなどがあってはならないということである。

第20条（家庭環境を奪われた児童の養護）
1 一時的若しくは恒久的にその家庭環境を奪われた児童又は児童自身の最善の利益にかんがみその家庭環境にとどまることが認められない児童は、国が与える特別の保護及び援助を受ける権利を有する。
2 締約国は、自国の国内法に従い、1の児童のための代替的な監護を確保する。
3 2の監護には、特に、里親委託、イスラム法のカファーラ、養子縁組又は必要な場合には児童の監護のための適当な施設への収容を含むことができる。解決策の検討に当たっては、児童の養育において継続性が望ましいこと並びに児童の種族的、宗教的、文化的及び言語的な背景について、十分な考慮を払うものとする。

　この条文は、家庭環境を奪われたとき子どもたちは児童養護施設など社会的養護により養育される権利も持っていることを述べている。しかし里親、養子縁組などが施設養護よりも先に記述され、施設入所は必要な場合ということになっている。これは社会的養護が里親、ファミリーホームといった家庭的養護にシフトしていることとつながっている。

2　国連「子どもの代替養護に関するガイドライン」から

　2009年11月20日、国連総会において「子どもの代替養育に関するガイドライン」が採択された。これは「子ども権利に関する条約」が作られたものの、現場の実態とは大きく離れたものであることに気づいた子どもの権利委員会が作成したものである。このガイドラインは家庭に代わり養育する際の基準となるものである。そのなかから児童養護施設の子どもの権利に関する条項をいくつか取り上げ、児童養護施設の現状と合わせて考えてみたい。なおこの「子どもの代替養育に関するガイドライン」は特定非営利活動法人子どもの村福岡の訳による。
　〈子どもの代替養育に関するガイドラインから――代替養育の提供（抜粋）〉
　（＊丸ゴシックは「子どもの代替養護に関するガイドライン」の本文）
　71．施設養育にせよ家庭を基盤とする養育にせよ、代替養育の質に対して、特に養育者の専門的なスキル、選抜、訓練、監督指導の観点から、特別な注意を払うべきである。養育者の役割と機能は、その子の実親または法定後見人の役割と機能に照らし、明確に定義し、明記されなければならない。

児童養護施設の養護の質をよりよいものにしなければならないことを要求してい

る。そのためには施設職員が研修などに参加し自己研鑽をすることが大切であるとともに、そのようなことを施設が勧めなければならない。

> 72. 各国において、管轄当局はこのガイドラインに沿って、代替養育を受けている子どもの権利を説明する文書を作成すべきである。代替養育を受けている子どもは、養育環境の規則、規制、目的と、そこでの自分の権利と義務を十分に理解できるようにされるべきである。

2012年3月に厚生労働省は児童養護施設運営指針(以下、運営指針とする)を出し、そのなかで児童養護施設に入所している子どもたちの権利について述べている。また各県などで子どもの権利ノートといったものを作り、児童養護施設に入所している子どもたちに、自分たちの権利を説明するための冊子を作り、子どもたちが理解できるように努めている。

> 75. 代替養育の提供に際しての文化的・宗教的慣習は、ジェンダーに関するものも含めて、尊重され促進されなければならないが、それは子どもの権利と最善の利益に一致すると証明できる範囲においてである。そうした慣習が促進されるべきか否かを考慮するプロセスは、当該の文化的・宗教的な指導者、実親の養育を受けていない子どもの養育についての専門家と養育者、実親やその他関連する利害関係者に加え、子ども本人もそこに含め、広範な意見を求める形で行われるべきである。

児童養護施設の子どもたちの思想・信教の自由などに関連する項目である。児童養護施設の子どもたちの信教については、厚生労働省による児童養護施設運営指針についての説明のところで考えたい。

2. すべての公式な代替養育に適用される一般的条件

> 81. 子どもが代替養育に委託される際には、子どもの保護と最善の利益に沿って、子どもが家族はもちろん、その他の親しい人々、たとえば、友人や近所の人、以前の養育者といった人と連絡を取り合うことが奨励され促されるべきである。また、家族と連絡が取れない場合には、子どもが家族の状況についての情報を入手できるようにすべきである。

児童養護施設の子どもたちの通信の自由についての条項である。運営指針のなかでも通信・面会に関する配慮をすることが述べられている。

> 83. 養育者は、子どもが地域の食習慣、宗教的信念にしたがって、十分な量の健康的で栄養のある食事がとれるよう保障すべきである。適切な栄養を与えるサ

プリメントも、必要な際には提供されなければならない。

　この条項は児童養護施設の子どもたちの食生活が十分でなければならないというものである。児童福祉施設の設備及び運営に関する基準で児童養護施設には栄養士の配置についても義務付けられている。

　85. 子どもは、自身の権利に基づき、地域の教育施設において可能な限り、正規教育、非正規教育、職業教育を受けられるべきである。

　児童養護施設の子どもたちの教育を受ける権利について述べたものである。運営指針の権利擁護の項目のなかには教育を受ける権利として記述はされてはいないが、養育・支援の項目の一つとして「学習・進学支援、就労支援」として述べている。

　88. 子どもは、自身の宗教的、精神的生活のニーズを満たすことを認められるべきである。そのなかには、子どもが信じる宗教の代表者からの訪問を受けることが含まれ、宗教的行事、宗教的教育やカウンセリングに参加するか否かを自由に決定することが認められなければならない。子どもの宗教的な背景は尊重され、どんな子どもも、養育に委託されている間に、自分の宗教または信念を変えるように奨励されたり説得されたりすることがあってはならない。

　75においても宗教的慣習への配慮について述べているが、子どもの思想・信教の自由などについては、厚生労働省による運営指針のところでも考えたい。

　89. 子どもに責任をもつすべての大人は、衛生と清潔のニーズを満たす適切な設備、ジェンダーの違いと交流の尊重、適切で安全な利用しやすい個人の所有物の保管場所など、プライバシーの権利を尊重し、促進すべきである。

　児童養護施設におけるプライバシーのことを述べている項目である。児童養護施設の多くはプライバシーが守られにくい環境である。そのため個人のものが所有できる空間の確保などいろいろ工夫されなければならない。

　90. 養育者は、肯定的で安全な養育関係を子どもと育むことにおいて、養育者自身が重要な役割を担うことを理解し、それを実行できなければならない。

　児童養護施設の職員自身が子どもを養育する大人としての自覚を持ち、子どもの権利についてしっかり理解して、子どもと向き合わなければならないということではないだろうか。

　91. 代替養育における居住環境は、健康と安全上の要求を満たすべきである。

　児童養護施設は子どもにとって健康で安全な場所でなければならない。このこと

は当然のことではあるが、施設ではしばしば健康で安全な居住環境が壊れてしまうことがある。居住環境というのは単に建物などの物理的な物のことだけでなく、施設でともに暮らす子どもや職員との関係なども含まれると考えている。

 92. 各国は、管轄当局を通して、代替養育を受けている子どもに提供される居住場所と、そこでの監督指導によって、子どもを確実に虐待から保護するよう確保すべきである。生活についての手配を決定する際は、それぞれの子どもの年齢、成熟度と脆弱さの度合いに特別の注意を払うべきである。代替養育を受けている子どもを保護することを目的とした方策は、法律に沿ったものでなければならず、同じ地域の同年齢の子どもと比べて、彼らの自由や行動に対し不当な制約を含んではならない。

児童養護施設に対して都道府県政令指定都市は、適切な環境を子どもたちに提供しているかどうかを絶えず監督しなければならない。そして必要なときには機を逸することなく指導をしなければならない。

 93. すべての代替養育の環境は、誘拐、人身売買、不法取引、その他のすべての搾取から子どもを適切に保護すべきである。その保護に伴う子どもの自由と行動の制限は、子どもを効果的に保護するために必要な制限をこえる厳しいものであってはならない。

施設で生活する子どもを暴力や犯罪などから守るために行動を制限することがあったとしても、それは必要最小限でなければならない。この条項は92条にも関連することであるが、施設では必要以上に子どもの行動に制限を加えていることがあると思われる。

 95. 国家、機関や施設、学校やその他地域のサービスは、代替養育を受けている子どもが、その期間やその後も、差別や偏見を受けないように適切な方策をとるべきであり、このことは代替養育を受けている子どもが可能な限り特定されない努力を含む。

児童養護施設で生活している子どもたちが、施設で生活をしているために学校や地域から差別などをされないようにしなければならない。現実には施設にいることで地域や学校内で理不尽な扱いを受けることがある。

 97. どんな性質のものであれ力の使用や拘束は、子ども自身や他者の体や心の統合を保護するために厳密に必要性がない限り、認められてはならない。やむを得ない場合には、子どもの基本的人権を尊重し、法にしたがい、理にかなった

適切な方法を用いるべきである。薬物や医療上の拘束は、治療上必要な場合に限られるべきであり、専門家の評価と処方なしに用いてはならない。

施設内虐待が行われたとき職員は指導のために行ったと言ったりする。しかしそのようなことは許されないことであることを述べている。また子どもを拘束したりする場合も、そのようにしなければ子どもを守ることができないというやむを得ない場合のみに限定されることを述べている。

98. 代替養育を受けている子どもは、全面的な信頼の下に秘密を打ち明けることのできる人物に会う機会を与えられる。この人物は、子どもの同意を得て管轄当局によって指名されるべきである。また子どもは、特定の状況においては、法的または倫理的基準にしたがって、守秘義務が解除されることを知らされなければならない。

施設の子どもたちが秘密を打ち明けられる人と会うことを拒むことはできない。これは施設内での問題について告発しようとする子どもたちを守らなければならないということであろう。そのために公的機関がそういったシステムをしっかり作っておかなければならないことを述べている。

99. 代替養育を受けている子どもは、委託養育における自身の扱いや状況について、苦情や心配事を申し立てるための、一般的に知られている効果的で公平な制度を利用できなければならない。そうした制度は、最初の相談、報告、改善、更なる相談を含むべきである。また、以前養育を受けていた若者をこのプロセスに参加させ、その意見は重要視されなければならない。そしてこのプロセスは、子どもと若者とともに活動するよう訓練された、能力を備えた人物によって実施されるべきである。

施設の子どもたちが自由に意見を言えるようにしなければならないということであろう。それは施設に入る以前も含めて、入所中、退所後にわたって言えるということである。またそのために社会的養護の当事者の意見を聴くなど、プロセスなどに参加してもらうようにしなければならない。

100. 子どもが自分のアイデンティティを育めるように、子ども時代の各時期の適切な情報、写真、個人的な物や思い出の品で、その子の人生を物語る記録を、その子とともに作り、生涯にわたってその子が利用できるようにしなければならない。

施設の子どもたちの生い立ちの記録をつくる作業をしている施設がいくつかあ

る。そういったものを作るとき、職員が子どもと一緒に作ることが大切であることを忘れてはならない。作ることに意味があるだけでなく、子どもが自分の人生を知っていてくれる特定の大人がいるということを感じられるようにすることが重要である。

Ⅲ　日本の代替養護の現場である児童養護施設の子どもの権利
1　児童養護施設運営指針における権利擁護

　厚生労働省は2012年3月に「社会的養護施設運営指針及び里親及びファミリーホーム養育指針について」という通知を出した。これは児童養護施設だけでなく、乳児院、情緒障害児短期治療施設、児童自立支援施設、母子生活支援施設、里親、ファミリーホームといった社会的養護を担うそれぞれの機関に対して養育・支援の指針を定めたものである。国連の「児童の権利に関する条約」や「子どもの代替養育に関するガイドライン」を踏まえて、この運営指針は作られている。社会的養護のもとで暮らす子どもたちの適切な養育を守るためにこのような運営指針が作られたことの意味は大きい。これらのなかの児童養護施設運営指針を見ていくことにしたい。運営指針の目的のなかで「そこで暮らし、そこから巣立っていく子どもたちにとって、よりよく生きること（well-being）を保障するものでなければならない」と述べている。子どもたちの育ちを保障するためにも権利擁護は不可欠なものである。権利擁護という項目が児童養護施設運営指針のなかに設けられており、それについて見てみることにする。

　〈児童養護施設運営指針の権利擁護（抜粋）〉（＊丸ゴシックは運営指針の本文）
　（1）子ども尊重と最善の利益の考慮
　①子どもを尊重した養育・支援についての基本姿勢を明示し、施設内で共通の理
　　解を持つための取組を行う。

　これは施設職員として子どもと関わる大人が常に子どもの権利について考え、施設全体で取り組まなければならないということである。施設職員のなかには子どもに対して不適切な関わりをしている者もおり、そういった関わりを容認するような施設風土であってはならないということである。

　②社会的養護が子どもの最善の利益を目指して行われることを職員が共通して理
　　解し、日々の養育・支援において実践する。

　子どもの人権について理解しあう中で職員は子どもたちとの毎日の生活を作りて

いかなければならない。それが一人だけではなく、施設の職員みんなで共有して行われなければならないということである。職員は実践のなかでしばしば子どもからの要求をそのまま受け入れてしまうことを受容的と考えてしまいがちになるが、それが子どもにとって最善の利益につながるかどうかという視点を忘れてはならないということも含まれている。

　③子どもの発達に応じて、子ども自身の出生や生い立ち、家族の状況について、子どもに適切に知らせる。

　この項目は「児童の権利に関する条約第7条」の子どもができる限り父母を知る権利を持っていることにつながるものである。児童養護施設の子どもたちが自分自身の生い立ちや父母を知りたいと思ったときに、施設だけではなく児童相談所も協力しなければならない。また子どもを乳児院から児童養護施設に措置変更する場合も、その子の生い立ちがわかるようにしてあげることが大切である。そういったことが子どもが安心し安定して育つために重要なことではないだろうか。

　④子どものプライバシー保護に関する規程・マニュアル等を整備し、職員に周知するための取組を行う。

　この項目は「児童の権利に関する条約第16条」の子ども自身の私生活、通信などを不法に干渉されないという権利にも関連している。児童養護施設の子どもたちは手紙や電話について干渉されやすいため、そのことから守るための項目である。また児童養護施設の子どもたちは自分の空間を確保しにくく、他児との共有スペースが多い。そのため布団を敷くのではなくベッドを利用したり自分の引き出しに印を付けるなど、施設でいろいろ工夫をしている。生活のなかで工夫をしながら、一人ひとりの空間を守るためのルールを施設で明確にし、みんなで守るようにしなければならない。

　⑤子どもや保護者の思想や信教の自由を、保障する。

　これは「児童の権利に関する条約第14条」の思想・良心・宗教の自由について述べていることにつながるものである。児童養護施設のなかにはキリスト教や仏教などの宗教団体が設立したものも多い。そういった施設のなかには礼拝堂や仏間が設けられ、子どもたちにお祈りなどをさせている施設もある。そういったことを子どもたちに強要することなく、子ども自身に選択の自由を与えるということである。

　（2）子どもの意向への配慮

①子どもの意向を把握する具体的な仕組みを整備し、その結果を踏まえて、養育・支援の内容の改善に向けた取組を行う。

　子どもたちの意見を汲み取るために児童養護施設ではしばしば職員と子どもたちとの話し合いの場を設けている。児童養護施設のなかには子どもの自治会を組織し、自治会で話し合われた要求事項を職員に申し入れるような仕組みを設けている施設もある。

②職員と子どもが共生の意識を持ち、子どもの意向を尊重しながら生活全般について共に考え、生活改善に向けて積極的に取り組む。

　多くの職員は通勤交代制勤務であり、施設に自宅からやってきて、家に帰っていくため、施設は労働の場であるという意識になりがちである。しかし施設の子どもたちにとっては生活の場である。そのため職員のなかには施設は子どもたちの暮らしの場であるということを忘れがちになっている者もいる。施設は子どもと職員が共に暮らしを作る場である。共生の意識という言葉にはそういった意味も含まれている。

（3）入所時の説明等

①子どもや保護者等に対して、養育・支援の内容を正しく理解できるような工夫を行い、情報提供する。

　施設で暮らす子どもたちの権利ノートはこの項目にも関わるものであろう。子どもたちは入所以前に施設について説明を受け、施設の生活に不安を持つことなく入所できるようにしなければならない。

②入所時に、施設で定めた様式に基づき養育・支援の内容や施設での約束ごとについて、子どもや保護者等にわかりやすく説明する。

　入所時には施設で定めた約束ごとなどをしっかり保護者と子どもに説明し、理解を得る必要がある。こういったことが施設と保護者との信頼につながり、入所後の関係作りに大きく影響を与えるのである。

③子どものそれまでの生活とのつながりを重視し、そこから分離されることに伴う不安を理解し受けとめ、不安の解消を図る。

　これは「児童の権利に関する条約第9条」の親からの分離の禁止と「条約第5条」の親の指導の尊重を踏まえ、児童養護施設に入所し親との分離が行われた後も親とのつながりを大切にし、親に代わり養育する施設も子どもにとって適切な場を用意しなければならないということである。またそれまで地域の保育園や学校に

通っていた子どもたちも多い。慣れ親しんだ所から離される子どもたちの不安を施設の職員は理解する必要がある。

　（4）権利についての説明
　①子どもに対し、権利について正しく理解できるよう、わかりやすく説明する。
　・権利ノートやそれに代わる資料を使用して施設生活の中で守られる権利について随時わかりやすく説明する。
　・子どもの状況に応じて、権利と義務・責任の関係について理解できるように説明する。

　児童養護施設で生活する子どもたちに対して、自分たちの権利についてわかるように説明しなければならない。そのために権利ノートなどを作り、それを利用して説明をしなければならない。しかし実際には十分にはできてはいないのが現状であろう。

　（5）子どもが意見や苦情を述べやすい環境
　①子どもが相談したり意見を述べたりしたい時に相談方法や相談相手を選択できる環境を整備し、子どもに伝えるための取組を行う。
　・複数の相談方法や相談相手の中から自由に選べることを、わかりやすく説明した文書を作成・配布する。
　・子どもや保護者等に十分に周知し、日常的に相談窓口を明確にした上で、内容をわかりやすい場所に掲示する。

　子どもたちが自分たちの苦情などを申し立てられるようにし、それを真摯に受け止め、解決していくという姿勢を大人がしっかり持たなければならないということである。そういった信頼できる大人がいることを子どもたちにわかってもらわなければならない。

　②苦情解決の仕組みを確立し、子どもや保護者等に周知する取組を行うとともに、苦情解決の仕組みを機能させる。
　・苦情解決の体制（苦情解決責任者の設置、苦情受け付け担当者の設置、第三者委員の設置）を整備する。
　・苦情解決の仕組みを文書で配布するとともに、わかりやすく説明したものを掲示する。
　③子ども等からの意見や苦情等に対する対応マニュアルを整備し、迅速に対応する。

- 苦情や意見・提案に対して迅速な対応体制を整える。
- 苦情や意見を養育や施設運営の改善に反映させる。
- 子どもの希望に応えられない場合には、その理由を丁寧に説明する。

子どもたちの苦情を解決するシステムを施設で設けなければならないということである。そのために施設には子どもたちの意見を自由に投函できる相談箱が用意されている。また苦情解決委員会があり、施設の職員以外の大人がそれらの相談内容を考える組織も作られている。そういったものを子どもたちが十分に活用できるようにすることが重要である。

（6）被措置児童等虐待対応

①いかなる場合においても体罰や子どもの人格を辱めるような行為を行わないよう徹底する。
- 就業規則等の規程に体罰等の禁止を明記する。
- 子どもや保護者に対して、体罰等の禁止を周知する。
- 体罰等の起こりやすい状況や場面について、研修や話し合いを行い、体罰等を伴わない援助技術を職員に習得させる。

これは児童養護施設の職員が守らなければならないことである。子どもたちへの体罰などを決して行ってはならないということであるが、現実には施設内虐待がなくなってはいない。そのような虐待が生じてしまうことについて施設全体で真面目に考え、取り組む姿勢が必要である。

②子どもに対する暴力、言葉による脅かし等の不適切なかかわりの防止と早期発見に取り組む。
- 暴力、人格的辱め、心理的虐待などの不適切なかかわりの防止について、具体的な例を示し、職員に徹底する。子ども間の暴力等を放置することも不適切なかかわりであり、防止する。
- 不適切なかかわりを防止するため、日常的に会議等で取り上げ、行われていないことの確認や、職員体制の点検と改善を行う。
- 子どもが自分自身を守るための知識、具体的な方法について学習する機会を設ける。

現場では若い職員が他の職員の不適切な関わりに気付いても、言えるような雰囲気ではないということをしばしば聞く。職員が自らの行動に対して厳しくするとともに、職員同士がそういったことに対して気を付け合える関係が必要である。また

施設職員から子どもへの暴力だけでなく、子ども同士の暴力が施設のなかではしばしば生じている。現実にはそういったことを職員が防ぐことができてはいない。子ども間暴力を防ぐことも考えていかなければならない。
　③被措置児童等虐待の届出・通告に対する対応を整備し、迅速かつ誠実に対応する。
　・被措置児童等虐待の事実が明らかになった場合、都道府県市の指導に従い、施設内で検証し、第三者の意見を聞くなど、施設運営の改善を行い、再発防止に努める。

　施設内で生じた暴力や不適切な関わりを施設は児童相談所、都道府県市に連絡することをためらうことが多い。そのために問題が大きくなり子どもたちに不信感を生じさせる結果になりがちである。そのようにならないためにも施設は誠実に対応すべきである。しかし現実には施設内で問題が発覚してからずいぶん時間が経過したのちに公的機関が知ることになったりする場合がある。

　（7）他者の尊重
　①様々な生活体験や多くの人たちとのふれあいを通して、他者への心づかいや他者の立場に配慮する心が育まれるよう支援する。
　・同年齢、上下の年齢などの人間関係を日常的に経験できる生活状況を用意し、人格の尊厳を理解し、自他の権利を尊重できる人間性を育成する。
　・幼児や障害児など弱い立場にある仲間はもちろんのこと、共に暮らす仲間に対しては、思いやりの心をもって接するように支援する。

　施設で一緒に生活する子どもたちの集団づくりもしなければならない。大舎制の施設から小舎、家庭的養護へと社会的養護は変わりつつあり、少人数の施設になったとしても何人かの子どもたちがともに生活しなければならない。また入所児童の約6割が被虐待児童である今日において他者との関係作りが上手ではない子どもたちも多い[1]。そういった子どもたちが他者のことも考えられる大人になれるように支援しなければならない。

2　「養護請求権」について

　日本の児童養護施設の子どもたちの権利について考える際の基本となると思われる考え方の一つが「養護請求権」であろう。「養護請求権」とは、日本弁護士連合会が施設で暮らす子どもたちの養護の問題を検討するために、養護を受ける子ども

の権利の視点からの検討が必要であると考えたものである。その検討において、すべての子どもがその成長発達に必要な最低限度の養育を求める権利を有し、国や地方公共団体がそれに対応する義務を負い、保護者に欠ける子どもの場合、国及び地方公共団体に対して養護を請求する権利があるという「養護請求権」の概念を提唱した。近畿弁護士会連合会子どもの権利委員会（2002）は養護請求権について以下のように整理している。

　①すべての子どもがその成長発達に必要な最低限度の養育を受ける権利を有する。
　②その子どもの権利に対応し、親などの保護者が自ら子どもを養育する第一次的義務を負い、国及び地方公共団体は、親がその養育義務を遂行できるよう積極的に援助するという二次的な義務を負う。
　③さらに、親等の保護者がいない場合、あるいは親が子どもを虐待するなどするために子どもを親に養育させることが子の福祉を害するような場合には、そのような「養護に欠ける」子どもに対しては、国及び地方公共団体は、自らがその子どもに対しその成長発達に必要な養護を与える義務を負う。

　これは社会的養護のもとに生活している子どもだけに限ったものではなく、養護請求権は保護者のもとで育っている子どもも含め、すべての子どもの育ちについて述べたものである。前述の②は子どもの育ちを支えるための各種施策を作ったり、子育てに関する問題を抱えている保護者がいた場合、保健所や福祉事務所、児童相談所が相談を受け支援していくといったことになろう。そして③は国及び地方公共団体が養護に欠ける子どもについて施設入所などを行い、子どものよりよい成長発達のための養護をしなければならないということである。

　児童養護施設の子どもたちは、成長発達のために必要な養育を受ける権利を持っており、成長発達のために必要なものが満たされていないときには、それを要求することができるのである。児童福祉に関わる人たちが児童養護施設の子どもたちの権利を明確に意識するためにも養護請求権という考え方は重要であると考える。しかし養護請求権については「残念ながらこの養護請求権という用語は、現在広く浸透しているとは言い難い」と近畿弁護士会連合会子どもの権利委員会（2002）も述べているように十分に認識されていると言えない。今後、子どもと関わる仕事をする職員は養護請求権ということについて理解しておくとよいと思っている。養護請求権とは子どもたちが成長発達のために必要なものを満たすことを求めることがで

きる権利である。この必要ということについて、鈴木（1993）は「人間が生きていくうえでなくてはならないもの、欠くことのできないもの」であると述べている。そして必要とは「当事者が人間としてなくてはならないものとして認識しているかどうかは別の、客観的なものである」とも述べている。つまり児童養護施設の子どもたちが必要なものであると認識していなくても生まれながらに持っているということである。そしてこれらの必要なものが満たされていないときに、請求することができるという権利が養育請求権ということであると考える。この請求という言葉を要求という言葉に置き換えることもできる。要求ということについて鈴木（1993）は「必要を充足することを求めることである。必要を基礎にした当事者の主体的な認識の行為である」と述べている。必要ということを当事者が認識していなくても、誰もが持っているものが満たされていないと気付いたとき、その充足を求めることが要求である。児童養護施設の子どもたちは満たされていないということに気付いていないことも多い。それに気づけるように支援することも大人に課せられた役割であろう。そして満たされていないときには要求する権利を子どもたちの誰もが持っているということを理解できるようにし、要求できるように支援することも子どもを守る大人の役割であろう。

Ⅳ 子どもの権利ノート

1 岐阜県版子どもの権利ノート（「あなたの権利ノート」）について

岐阜県では2000年3月に岐阜県児童福祉協議会が中心となって「あなたの権利ノート」が作られた。その後8年を経て見直しが行われ、2009年度に岐阜県、児童相談所、児童福祉協議会が共同で改訂再発行した。

児童養護施設の子どもたちに渡す岐阜県の子どもの権利ノートには人権について「だれもが生まれた時から持っている、安心して生きていくためになくてはならないもの」と書かれている。人権とは、人がどのような場所、どのような境遇に生まれたとしても、必ず持っている権利である。けれども私たちが当然、持っているものと思い込んでいるこの権利は、力の強い支配者に対して弱者が闘い、そして獲得したものなのである。人権について施設の子どもたちに伝える役割を担っている私たちは、人権というものが先人たちが闘い獲得した尊い権利であることを知っておかなければならない。そういった権利であるからこそ、その権利が侵されたり、欠けるようなことがあれば、それを正し、満たすことを要求しなければならないので

ある。

　この子どもの権利ノートに書かれてある文は短くてわかりやすいものである。しかし、その内容を子どもたちがわかるように私たちは伝えられているであろうか。子どもの権利ノートにあるように、子どもたちは安心して生きていくために欠くことができない大切な権利を持っているということを、子どもたちと関わる私たちは忘れてはいないだろうか。そして、子どもたちがもし充足できていないのであれば、要求することができる権利を持っていることを、子どもたちが理解できるように支えていかなければならない。

2　「あなたの権利ノート」から考える

　子どもたちに手渡され、説明されている子どもの権利ノートの内容を見ながら、実際に施設で出会った子どもたちの権利について考えてみたい。「あなたの権利ノート」のなかの子ども相談センターとは児童相談所のことである。なおここで紹介する子どもたちはプライバシーに配慮し、性別、家族背景などに変更を加えてある。

　〈児童養護施設で暮らす「あなたの権利ノート」〉
　（＊丸ゴシックは「あなたの権利ノート」の本文）
　1．施設ってどんなところ
　（1）何もかもはじめてで心配だな
　　　はじめて施設で暮らすことになって、不安があるかもしれないね。でも、心配しなくても、すぐになれると思うよ。これからあなたは、いろいろな仲間と、一緒に暮らすことになるけどどんなことでも相談しよう。
　（2）なぜ施設で暮らすの・いつまで暮らすの
　　　家族と離れて施設で暮らすことが今のあなたにとって一番いいと考えたからなんだよ。なぜ暮らすのか、いつまで暮らすのか、どんな手助けをしてくれるのか、あなたが心配な家族のことや将来のことについて、施設の人や子ども相談センターの人と、相談しながら決めていこう。

〈出会った子どものことから考える〉

　子どもが施設に入所をする場合、児童相談所はその子にとって最善の利益であると判断したからであろう。児童相談所の職員が入所にあたって相談できる子どもとは話し合って決めることができる。それは子どもの意見表明権でもある。

中学生のAさんは両親が離婚し父親に引き取られて生活していた。しかし父親との関係が悪く施設入所となった。入所後、Aさんは施設の生活に馴染めなかった。そんなときに私はAさんと話した。Aさんは「こんなはずではなかった」としみじみと語った。Aさんは本当は施設で生活するのではなく、母親と一緒に生活したかったと話した。けれどもそのことを児童相談所では尋ねられることもなく、自分からも話すこともできなく、結局、施設に入ることになってしまったと語った。

　入所する以前に子どもの思いをしっかり聞き取るということがどのくらいできているのであろうか。もしAさんの気持ちが表明できていたのであれば、Aさんは施設で生活することにならなかったかもしれない。「あなたの権利ノート」は施設の子どもたちのために作られたものではあるが、施設入所以前の子どもにとっても同様ではないだろうか。

　（3）どんなことを守ったらいいの
　　　いろいろな仲間と安心して暮らしていくためには、お互いの権利（あんしん・じしん）を守ることが大切なんだ。そのために必要なきまりや約束があるんだ。みんなが安心して暮らすために、きまりや約束を守ろう。

　2．権利ってなーに
　（1）何を持っていてもいいの
　　　あなたはあなたの大切なものを持っていることができるよ。でも、大きなものとか値段の高いものは壊れたりなくなったりしたら困るよね。そんなときは施設の人にきいてみよう。また、法律に違反しているものや危険なものなど、他の人に迷惑をかけたりするものは持つことができないのは当たり前だね。

〈出会った子どものことから考える〉

　子どもたちの持ち物については難しいことが現場では多い。

　B君は家ではパソコンを使って勉強したり、メールをしたりしていた。施設に入所してからも大好きなパソコンを使うことを要求した。実際、B君はパソコンを上手に使うことができた。しかし施設ではパソコンの利用は時間を決め、施設内にあるパソコンを使うというルールになっていた。B君は家にある自分のパソコンを持ってきてもらい、それを自分だけで使いたいと思っていた。そのことを施設の職員に要求したが認められず、その不満を私に話して自分の部屋に戻っていった。

　施設では子どもが持ちたいものを自由に持てないことがしばしば生じている。し

かしその理由を子どもに対してしっかり説明できてはいないのではないだろうか。そのために子どもは納得できないまま不満を溜めているように思われる。子どもたちの要求をそのまま受け入れることができないこともあるが、子どもたちの気持ちを理解し、できそうなことをみつけるという作業を子どもとともにすることが重要であると私は思っている。

　（2）学校はどうなるの
　　　近くの幼稚園、小学校、中学校に通うよ。中学校を卒業後は、高校や職業訓練校等に進学できいろいろな資格、免許が取れるよ。さらにあなたが希望すれば働きながらいろいろな制度を利用して大学や専門学校等へ進学することも出来るよ。

〈出会った子どものことから考える〉
　児童養護施設の子どもたちの大学や専門学校への進学は難しい[2]。施設の子どもたちが進学する場合、授業料や生活費など経済的な負担が大きく圧し掛かる。
　Cさんは高校3年生になるまで、卒業したら進学したいと考え、アルバイトをしてお金を貯めていた。そしてCさんは高校を卒業し進学した場合のことを想定し、自分なりにいろいろ考えた。Cさんには頼れる親類はないため、一人で生きていかなければならない。授業料を4年間払い、アパートを借りて自分で生活するための生活費などを試算した。無理をすればなんとかなりそうではあったが、いろいろ考えた結果、進学をあきらめてしまった。
　子どもの権利ノートに書かれてあるように大学などに進学することができないわけでない。しかしそこには家庭で暮らす子どもたちに比べ何倍もの高くて大きな障壁があるのも現実である。

　（3）健康は守られるの
　　　あなたが健康で元気に暮らせるように施設では、栄養のある食事、ゆっくり休める部屋や清潔な布団、必要な洋服などが用意されているよ。もし、あなたが、怪我をしたり、体の調子が悪くなったら、お医者さんで診察してもらえるよ。
　（4）私のことが、どのように考えられているかを知りたいな
　　　あなたは、あなた自身のこと家族や兄弟のことなど、身の回りのことを、何でも知ることができるよ。施設や子ども相談センターの人があなたのことをどのように考えているのかを知ることができるよ。でも、あなたがそのことを知ると心を傷つけることになりそうなときは、すぐに知らせないこともあるよ。施

設の人があなたを間違って理解していると思うときは、施設の人とよく話し合ってね。

〈出会った子どものことから考える〉

　Dさんは赤ちゃんのときから施設で暮らしていた。母親からは数年間、面会も電話もなかった。彼女は他児が帰省したり、お土産を持って施設に戻ってくるたびに怒ったり、すねたりした。彼女の母親はDさんと会うことを拒否し、行方がわからない状態であった。しかし彼女は「お母さんは忙しいから来られない」と話してくれる。そしてときどき「お母さんはどこにいるのかな。電話してくれないかな」と寂しそうに言う。彼女が知りたいという要求をもっと強く出してきたとき、行方不明ということを伝えるだけでよいのであろうか。彼女の周りの大人は母親をみつける努力をもっとしなければならないのではないだろうか。それは施設だけが行うことではなく、子どもを施設に入所させ、親と別れさせた公的機関も努力すべきことではないだろうか。

　（5）家族に会えるの

　　　あなたは、特別な理由がないかぎりお父さん、お母さんや、ほかの家族に会うことができるし、連絡することもできるよ。時には、家に帰ることもできるんだよ。

〈出会った子どものことから考える〉

　Eさんは両親によるネグレクトのために施設に入所した。そして入所後に両親は離婚をした。そのため父親と母親のそれぞれがEさんの長期間の帰省を求めてきた。母親は再婚し新しい家庭を築いており、Eさんとしては母親の家に帰省しても居づらいため父親の家に帰省したいと話した。施設はEさんの気持ちを母親に伝え、父親のもとに帰省させようとしたが母親は納得しなかった。

　子どもの気持ちを大切にしたいことを説明しても了解が得られないことが現実には多い。子どもは家族に会えることもできるが、一方では、子どもが家族を拒むことも、選ぶこともできるということも大切なことではないだろうか。

　（6）秘密・プライバシーは守られるの

　　　施設はあなたの秘密を守ってくれるよ。あなたのことや、家族のことなど、人に知られたくないことは、みんな秘密にしておいてもらえるよ。あなたが大切にしているものは、施設の人も大切に思うよ。まわりの人は勝手にさわったりあなたのスペースに入ったりすることはないよ。あなたも他の人のプライバ

シーを守ろうね。
(7) どんな考えをもってもいいよ

あなたはどんな考えをもってもいいんだよ。神様や仏様を信じても、信じなくてもいいんだよ。同じように、自分とちがう考えを持つ人も大切にしようね。

(8) いろいろな人とも仲良くなれるよ

あなたは施設の仲間だけでなく、学校の友だち、クラブの仲間、スポーツ少年団等いろいろな人と交流することができるよ。時には、あなたのことを心配して、施設の人がそのつきあいについてアドバイスすることもあるよ。

(9) 自分の意見を言えるの

あなたが、施設のこと、学校のこと、食べ物のこと、お小遣いや服のことなどについてなにか希望や考えがあったら、施設の人に話したり、みんなで集まって話し合ってみよう。きっと、あなたの意見や希望は尊重してもらえるよ。あなた考えや希望が大切にされるのと同じように、ほかの人の意見や考えも大切にしよう。もしも、言いにくいときは、施設においてある「相談箱」(意見箱) に手紙を入れられるよ。

〈出会った子どものことから考える〉

　私は子どもたちにときどき自分がどのようになりたいか尋ねる。F君にもそんなことを聞いてみた。すると「みんなが泣かさないで欲しい」と言う。F君は少し話をするのが苦手なので、ひとつずつ聞いてみた。F君の話をまとめてみると、同じホームの子たちがF君をいじめるために毎日、彼は泣かされている。だから自分をいじめないで欲しいということのようであった。私がF君にそのことを職員に言ってみるように言うと、F君は「できない」ときっぱりと話した。理由を尋ねると「またいじめられるから」と言う。

　F君は自分の困っていることを伝えても、そのことでまた他児から攻撃されてしまう心配を抱いている。そういった子どもたちが実際には多い。たとえ相談箱に入れたとしても、その投書を誰が入れたのかはわかってしまうことがある。そういった子どもたちを守ることを施設はできているであろうか。施設は子どもたちにとって守られた空間になっているのかどうかを真剣に見直さなければならない。ときには子どもたちが安心できる場を作るために大人は一生懸命になることが必要である。

(10) 差別されたり、いじめられることはないの

あなたは、どんな場合でも人から差別されたり、いじめられたり、暴力や体罰をうけることはないよ。もちろんあなた自身、ほかの人を差別したり、いじめたりしないことが大切だよ。もし、あなたが差別されたり、いじめられたり、暴力を振るわれたら、「やめて」と、はっきり言おう。危険を感じたら逃げてもいいんだよ。あなたがつらい思いをしたら、すぐに施設の人に言ってね。施設の人はあなたを守るよ。

(11) 施設を出ることが決まったら…

あなたが施設を出ることが決まったら、家族と一緒に生活できるように、あるいは社会で暮らすことができるように施設の人が手助けをしてくれるよ。施設を出た後も、困ったことがあれば施設の人や子ども相談センターの人が相談にのってくれるよ。

(12) 権利が守られなくなったら

「権利」は大切なあなたの体と心を守ってくれるもの。そんな「権利」が危ないときってどんなときか、考えてみよう。

・だれかから叩かれたり蹴られたりする暴力をうけたとき
・ごはんやおやつ、自分の持ち物を取り上げられたとき
・できないことや体の特徴のことで、からかわれたり差別されたとき
・ちゃんとした理由がないのに「～してはダメ！」っていわれたとき
・けがや病気でないのに、下着で隠れるところを見せるようにいわれたり、さわられたり、キスされたとき
・人を叩いたり、物を盗ったりするよう命令されたとき

ほかにもあなたの権利を傷つけることが起きるかも知れません。施設の中で、とてもいやなことやつらいことがあったら施設の人に話してみよう。お話できなかったり、施設の人に話しづらかったときは、子ども相談センターの人に相談すればいいよ。

(13) 困ったら

あなたが困ったときには、なんでも施設の人に相談しよう。施設の「相談箱」（意見箱）に手紙を入れよう。それから、子ども相談センターの人も話を聞いてくれるよ。あなたの思っている事を話してみよう。

(14) もし、施設の人から虐待をうけたらどうすればいいの

○虐待ってなあに

施設の人に、たとえば…
- たたかれたり、けられたりすることなどの暴力をふるわれること
- むねやおしりをさわられるなど、性的な行為をされること
- おなかがすいても、ごはんを食べさせてもらえなかったり、長い時間ほったらかしにされること
- 心が傷つくことを言われたり、無視されたり差別されたりすること
- 相談したけど相談にのってもらえなかったり、何も解決されなかったりすること

〈出会った子どものことから考える〉
　児童養護施設を退所し一人で生活しているGさんと話したときのことである。施設内での暴力について話題になった。Gさんは殴られないように良い子で暮らしていたため自分は職員から暴力を受けることはなかった。けれども同じフロアの子は職員から殴られていた。その子と職員とは十数年間、暮らしてきた。そのため職員はその子を思い、愛情を持って殴っていたのであろうとGさんは話した。その話を聞いて私は思った。施設の職員がどのような気持ちを込めようとも子どもを殴ることは暴力であろう。もしGさんが愛情を込めた暴力は許されると思っているのであれば、そのような考え方を植え付けてしまう施設の養育環境を見直す必要はないだろうか。職員が暴力に対して鈍磨になっていたのであれば、そのことに気付いた職員が改善しようとできる職場環境になっているだろうか。子どもを育てる大人集団そのものが健全でなければならない。

　〇ひとりで悩まないで相談しましょう！
　　電話で相談するときは、電話に出た人に「わたしは〇〇〇〇という施設にいますが、虐待をされたので電話しました。担当の人をお願いします。」と言ってください。
　〇相談するところ
　・子ども相談センター　　・岐阜県庁子ども家庭課
　〇相談するとどうなるの？
　　あなたから相談を受けたことについては、これから虐待を受けることがないようによく考えていきます。もし、あなたが相談したことで心配になっていることがあれば、きちんとお話をしましょう。心配なことがなくなるように、一緒に考えていきます。あなたの秘密は守ります。安心して相談してくださいね。

〈出会った子どものことから考える〉

　児童養護施設を退所したHさんと子どもの権利ノートについて話した。Hさんは小学校の低学年から十年以上施設で暮らしていた。Hさんに施設に入るときに児童相談所で子どもの権利ノートをもらい、説明してもらったかどうか尋ねた。Hさんは覚えていないと言った。入所してから退所するまで、施設で子どもの権利ノートについて話してもらったことはあるのか尋ねた。それもないと答えた。Hさんは子どもの権利ノートというものについて知らなかった。子どもの権利ノートは作られたものの子どもたちのために本当に活用されているのであろうか。

おわりに

　児童養護施設の子どもたちの人権を守るために『子どもの権利ノート』が作られている。しかし、それは子どもたちのためにしっかり使われ、子どもたちが大切にされ、子どもたち自身が安心できるために活用されているであろうか。子どもの権利ノートの内容は「児童の権利に関する条約」、「子どもの代替養育に関するガイドライン」や「児童養護施設運営指針」に基づき書かれている。子どもにとって大切なことが冊子に書かれてあるだけはなく、現場で実行することが重要であろう。私たちは、子どもたちが自由に自分の意見を述べ、誰からも攻撃されず、安心して暮らせる空間を作っているであろうか。多くの児童養護施設の職員は子どもたちが好きで、子どもたちの支えになりたいと思い、この現場に入ったのではないだろうか。その気持ちを忘れることなく、子どもたちの視点に立って、子どもたちの権利を守っていきたいと思っている。

【注】
(1) 2007年度の社会的養護施設に関する実態調査によれば、児童養護施設の子どもたちの59.2％が被虐待体験を有していた。また同じ調査において、対人関係やコミュニケーションが苦手であるといわれている発達障害・行動障害の子どもたちは児童養護施設に20.2％生活している。
(2) 2009年度末に高校を卒業した生徒の進路調査では全高卒者の54.3％が大学、23.0％が専修学校に進学している。しかし児童養護施設の子どもたちは大学進学は13.0％、専修学校は10.1％である。

【引用文献・参考文献】
・岐阜県児童福祉協議会『あなたの権利ノート』岐阜県健康福祉部子ども家庭課、2010年
・長谷川眞人『全国の児童相談所＋児童養護施設で利用されている子どもの権利ノート──子どもの権利擁護の現状と課題』三学出版、2005年
・長谷川眞人『子どもの権利ノートの検証──子どもの権利と人権を守るために』三学出版、2010年
・近畿弁護士会連合会子どもの権利委員会『施設で暮らす子どもたちの人権』近畿弁護士会連合会、2002年、19〜70頁
・厚生労働省雇用均等・児童家庭局家庭福祉課監修『子どもの権利を擁護するために』財団法人日本児童福祉協会、2002年
・厚生労働省雇用均等・児童家庭局　雇児発0329第1号「社会的養護施設運営指針及び里親及びファミリーホーム養育指針について」2012年
・村井美紀「児童養護施設における子どもの人権擁護と実践課題」『社会福祉研究』第107号、鉄道弘済会、2010年、37〜43頁
・日本弁護士連合会『子どもの権利ガイドブック』明石書店、2006年
・李亮喜「国連・子どもの権利委員会と日本報告書審査」『子どもの権利──日韓共同研究』日本評論社、2009年、63〜75頁
・鈴木政夫『人権としての児童福祉と労働──実践のための児童福祉論をめざして』ひとなる書房、1993年、82〜90頁
・社会福祉法人全国社会福祉協議会全国児童養護施設協議会『子どもの権利を擁護し養育条件を高めるために』2010年
・高橋重宏『子どもの権利擁護──神奈川県の新しいとりくみ』中央法規出版、2000年
・特定非営利活動法人子どもの村福岡『国連子どもの代替養育に関するガイドライン──SOS子どもの村と福岡の取り組み』福村出版、2011年、35〜40頁

第4章　ドメスティックバイオレンス
——女性への人権侵害はなぜなくならないのか

肥田　幸子

I　ドメスティックバイオレンスとは
1　ドメスティックバイオレンスをめぐる世界と日本のうごき

　ドメスティックバイオレンスの問題は一般的にDVとよばれ、すでに社会に定着しているかにみえる。ただ、世界的にもこの問題についての研究はまだ歴史が浅く、取り組みが始まって長くない。1993年のウィーン国連世界人権会議で採択されたウィーン宣言によって、「女性に対する公私の暴力撤廃」がうたわれた。これを受けて、1993年12月、国連は女性に対する暴力の撤廃に関する宣言を採択した。宣言は「女性に対する暴力とは、身体的・性的・心理的に有害または苦痛となる、またはそうなるおそれのある、ジェンダー（社会的・文化的性差）に基づくあらゆる暴力的行為であり、家庭内のそれも含まれる」とした（「夫（恋人）からの暴力」調査研究会、戒能ほか、1998）。

　日本においては、1990年代から民間主導の調査研究が実施、発表され始めた。1999年に内閣府が全国規模の調査を実施し、それに前後して地方自治体が調査を実施するようになった。以降、内閣府は3年ごとに全国調査を実施している。2001年には「配偶者からの暴力防止及び被害者の保護に関する法律」が制定され、2004年、2007年に改正が行われている。日本では民間が先駆的な役割を果たし（小西、2001）、行政は多くの被害実例やデータを示されてやっと動くという形であった。

　本学は前身である東邦短期大学の時期に、前述の先駆的な活動に大きく貢献した。1995年頃から2000年代の初め頃にかけて、学内に「女性の自立支援センター」を設立、電話相談、講座などを行い地域の拠点となった。

2　なにがドメスティックバイオレンスなのか

　ドメスティック（Domestic）は家庭内を意味し、バイオレンス（Violence）は暴力

行為と訳される。だが、この言葉は一般的には、児童虐待、思春期の子の親への暴力、老人虐待に対しては使われない。現在使われている意味としては「親密な関係にあるカップルの一方が他方に対してふるう様々な暴力」（肥田ほか、2008）と考えてよいだろう。この場合の親密な関係とは、夫婦、元夫婦、親密な交際関係であるもの、元交際関係であったものを指す。内閣府はドメスティックバイオレンスという言葉を使わず、あえて配偶者間暴力といっている（内閣府、2012.9）。この言葉では、実際の調査対象には含まれている事実婚関係や離婚した夫婦をイメージしにくい点を指摘することができる。

「一方が他方に対して」という言葉に関してだが、親密な関係の中にある暴力は男性から女性、女性から男性という二つのケースが考えられる。しかし、内閣府男女共同参画室の2011年度調査によれば、配偶者からの暴力を受けた被害者総数のうち、91.5％は女性で、8.5％が男性である。このことから、被害者の多くが女性であることがわかる（内閣府、2012.7；警視庁資料）。

「様々な暴力」とは以下のことがあげられる。

表4-1は筆者らが1999年に行った電話相談の被害内容を分類したものである（フェミニストカウンセリングなごや、2000）。日常の暮らしの中で、これらの出来事の一つが行われても耐え難いことは容易に想像できる。しかも、多くの場合はこれらの暴力が重複して行われる。

表4-1 暴力の分類

身体的暴力	殴る　蹴る　突き飛ばす　髪の毛をもって部屋中を引きずりまわす　手をねじりあげる　骨折させる　頭を床に叩きつける等
精神的暴力	暴言：例.「殺してやる」「おまえはばかだ」「気ちがい」「離婚してやる」「出ていけ」　これらの言葉を大声で長時間あびせ続けることがある 行動規制：外出の制限　妻が会社の旅行に行くのをいやがる 干渉：かかってきた電話の内容を問いただす　電話に割り込む　相手にこう言えと強要する 嫌がらせ：「若い男を作った」などと言いふらす　会社を辞めさせられるようにする　無言無視でほとんど会話がない。見ているテレビを消さす等
性的暴力	セックスを強要する（断ると身体的暴力をふるう）　お前のセックスを言いふらすと脅す　みたくないのにポルノビデオやポルノ雑誌を見せられる
その他	経済規制　生活費を少ししか渡さない　出費に対し厳しいチェックをする　働けというがいざ仕事を見つけて働こうとすると怒る　親戚や友人と交際させない　子どもの持ち物を壊す　ペットを傷つける

内閣府の調査の中で「命の危険を感じる」という質問項目に 4.4％の人が「あった」と応えている。まさに命に関わる暴力被害なのである（内閣府、2012.4）。

配偶者（事実婚や別居中の夫婦、元配偶者を含む）男性から「身体的暴行」「心理的攻撃」「性的強要」のいずれかを受けたことがあるかという質問項目で被害の有無を聞いている。これに対し、何度もあった（10.6％）に 1、2 度あった（22.3％）と回答している者を加えると、32.9％の女性が被害を受けている。これは女性の 3 人に 1 人ということである（内閣府、2012.4）。

つまりドメスティックバイオレンスというのは親しい関係の中で、多くの女性が受けている暴力であり、女性に対する人権侵害であるということができる。

3　ドメスティックバイオレンスの現状

一般社会におけるドメスティックバイオレンス（DV）に対する認識は 2001 年 DV 防止法（配偶者からの暴力の防止及び被害者の保護に関する法律）の成立以降、少しずつではあるが広がりを見せてきたといえる。「DV はよくない」ということは一般的な社会認識になりつつある。しかし、実際の被害件数は内閣府が統計を取り始めて以降、減っているとはいえない。

配偶者からの暴力に関するデータ（内閣府、2012.7）によると、配偶者暴力相談支援センターの相談件数は 2002 年の 3 万 5,943 件から 2012 年の 8 万 2,099 件まで年々増加している。都道府県警が配偶者からの暴力事案を相談、保護、被害届の受理、検挙等をした件数は 2001 年の 3,608 件から 2011 年の 3 万 4,329 件までおおむね増え続けている（警察庁調べ）。ドメスティックバイオレンスは一般社会に理解が進んでなお撲滅しにくい問題なのである。

II　ドメスティックバイオレンスの社会的背景

1　個人の問題と考えられてきたドメスティックバイオレンス

ドメスティックバイオレンスという概念が社会的に取り上げられる以前は、ひどく夫に殴られる A 子さんや、常に無能であると夫になじられてうつうつとしている B 子さんの個人の問題であった。耐えかねて警察を呼んでも、それは夫婦げんかであり、「民事不介入」という言葉のもとに放置された。「夫は妻に優しくするべきであり、妻は夫に従い、不用意に怒らせないようにしなさい」などと注意して警察官が去った後で、もっとひどい報復があるというのは多くの事例が示している。

また、暴力をふるう男性は教養が低いため生活が困窮しており、とりわけ粗暴で攻撃性が高く、暴力は飲酒に関係するというイメージが先行する。しかし、調査では加害者は、学歴、職種などにおいて偏りはなく、きっかけも飲酒よりは「いうことをきかせたい」「イライラしていたから」という状況の方が多い（名古屋市、2000）。

　ドメスティックバイオレンスは特定の状況にある個人にのみ起こる問題ではなく、広く男女間において女性が被害者となりうる一般的な問題であることが明らかにされた。

2　構造的な問題

　ドメスティックバイオレンスは社会の構造と密接な関係を持っている（鈴木・麻鳥、2003；尾崎、2005）。指摘される問題の中でも、最も重要と考えられるのは経済的格差である。

　男女雇用機会均等法（雇用の分野における男女の均等な機会及び待遇の確保等に関する法律、1997年改正）により、雇用上の募集・採用・配置・昇進・教育訓練・福利厚生・定年・退職・解雇について、女性労働者を男性と差別的に取り扱うことが禁止された。しかし、事実上の格差は存在し、ことに賃金において格差は激しい。「賃金構造基本統計調査2008」では、男性を100とした賃金比較で女性は67.8である（厚生労働省、2009）。同調査では、男性は勤続年数に比例して管理職についていくが女性はそうではないこと、勤続年数が長くなるほど格差が大きくなることなどを指摘している。女性を管理職に登用することも現実的には浸透しておらず、出産などで退社すると多くの場合、再就職は低賃金の非正規雇用になる。

　被害女性が声を上げ、自立の道を歩もうとするとき最も大きな壁として存在するのが経済的な問題である。筆者が受けた相談の中で、子どもの教育費、老後の蓄え・年金、再就職するためのキャリアが積み上がっていないなどの問題は、被害女性に対し、このまま辛抱するという選択を余儀なくさせることが多かった。

　構造的な問題の中で次に重要と思われるのは、ジェンダーに起因する男女の固定的な役割意識の問題である。「夫は外で働き、妻は家を守る」という考え方は長い時間をかけて人々の間に定着してきた。夫は収入を得てくることで、経済的な力を持つが、妻の働きはアンペイドワークであり、キャリア形成も中断される。働き方だけでなく、夫は家庭をリードし決定権を持ち、妻は夫に従い家族の身体的・精神

的ケア役割を担うというジェンダー（社会・文化的性差）による役割意識が植え付けられてきた。これによって、長い間、結婚生活における夫の経済的、心理的優位が確保されてきたといえる。現在では、これらの考え方についてはずいぶん変化がみられるようになった。しかし、都市部と三世代同居の多い古い地域での格差は大きい。NPO法人フェミニストカウンセリングなごや有志、肥田ほか（2009）は「暴力であるという認識」の地域間格差について述べている。内閣府の全国調査と地方都市の調査の比較から自分の身に起こったことが暴力であると感じる意識が地方都市において低いというものである。まず暴力であるということが認識されなくては、ドメスティックバイオレンスをなくすこともそこから逃げることも難しい。

3　暴力の慣習の問題

　近年までは、夫が妻を殴るのはしつけとされており、夫の妻にたいする「懲戒権」が認められていた国もあった。イギリスでは「親指の原則」という慣習法があって、男性の親指よりも細い棒であれば妻を殴っても罪に問われなかった。躾という言葉は、成人の女性を未熟な者と見なすもので、それによって、夫婦間における夫の明らかな優位を示していた。

　現代でも女性に対する暴力の慣習は世界に広く残っている。インドのサティーやダウリー死、アフリカの女性性器切除は世界的に問題にされている。サティーは夫が亡くなったときに貞淑な妻は火葬の炎の中に自ら飛び込んで殉死をするというものである。ダウリー死は持参金の少ない花嫁が殺害されたり自殺に追い込まれたりするものである。これらの背景は女性の人生は夫に尽くすものでなければ価値がないという認識からきている。アフリカの女性性器切除は少女の外性器の一部またはすべてを切り取って縫い縮めるものである。これによって女性は性的な快感を失い、男性は妻になる女性の貞淑を保証される。これは非衛生的な環境で医療知識のないものが行うため、少女たちの苦痛は計り知れず、出血や細菌感染で命を落とすものも少なくない。それでもこの地域社会では、性器削除を受けなければ一人前の女性と認められず、結婚することもできない（デービス、1998）。

　これらの例から、女性たち自身が慣習を逃れられないものと考えたり、美徳と考えて次に受け継いでいる様子がうかがえる。女性たち自身も行い継がれてきたことの意味を考え直さなければ女性に対する暴力はなくならない。

Ⅲ　ドメスティックバイオレンスはなぜなくならないのか

1　表面化しにくいドメスティックバイオレンス

　ではなぜドメスティックバイオレンスが広く社会の問題として、最近まで取り上げられることがなかったのか。諸々の理由はあるが、この問題は表面化しにくいという特徴があげられる。

　まず、この暴力が起こっている場所は家庭である。家庭は社会における最もプライベートで、閉じられた空間であり、他者の視線や評価にさらされる社会的空間ではない。ゆえに、家庭内でなにが行われているかが外からはわかりにくく、特定の利害と心理関係でつながれた家族論理が優先しやすい場所である。児童虐待という問題もこの点においては同じ条件を持っている。

　DV（ドメスティックバイオレンス）が多くの人に知られるようになっても、実際の警察の検挙数は実被害よりも遙かに低いと推測される。2011年の配偶者暴力相談支援センターにおける相談数は8万2,099件にのぼり、2010年に婦人相談所で、夫婦・同伴する家族からの暴力を理由として一時保護されたものは1万件を超える。それに比べて、2011年の配偶者間（内縁を含む）における犯罪の検挙数は殺人、障害、暴行を加えて2,829件にしかならない（警察庁調べ；内閣府、2012.7）このように暴力被害でありながら犯罪として検挙されないのは、ドメスティックバイオレンスが個人の心理を奥深く支配し、表面化しにくくする問題だからである。

2　暴力を受ける女性の心理

　ドメスティックバイオレンスは表面化しにくい問題であるが、表面化させたくない女性の心理がそこにはある。「DV（ドメスティックバイオレンス）だと知られることが恥ずかしい」「DVだと思いたくない」「口にすること自体が恐怖で、話したことが知られたらどんな目にあうかわからない」などを、事例を使って説明する。ただし、ここにあげたものは実例ではあるが、いくつかの事例を合成したり、設定を変化させたものである。

・「DVだとしれることが恥ずかしい」

　Aさんは50代後半の主婦で、目の周りに明らかに紫色の隈を作ってカウンセリングに現れた。傷の説明を求めるが応えられない。初回は不眠、食欲不振などのうつ症状を訴え医師から投薬を受けて帰宅した。2回目のカウンセリングで初めて夫からの暴力があることを話した。Aさんは「いい年をして、こんなふうで……恥

ずかしい」と言う。彼女には、夫がどんなふうであろうと妻はうまく家庭を運営することが求められると考えており、このような形で他者に援助を求めなければならない自分に対する自責の念がある。社会的な慣習が女性の身動きをとれなくしている例である。

・「DV だと思いたくない」

　Bさんは30代の主婦で、結婚して10年、建築業を営む夫と、小学生の子どもがいる。自傷（リストカット）と抑うつ症状を訴えて来院した。妻のリストカットには「俺に対する嫌がらせだろう」と驚かなかった夫も、精神科の投薬を受けるに至って、急に優しくなった。3か月ぐらい経過すると徐々に夫の機嫌が悪くなり、「この1週間は薬を飲んでもドキドキが止まらない」と訴えるようになった。暴力は7年くらい前からあり、身体的暴力をふるうときとひどく優しいときがある。

　ウォーカー（1997）は暴力のサイクル説をあげている。暴力をふるった男性はそれを謝罪し、プレゼントなどをして女性に優しさを示す。しかし、暴力はそれでおさまるわけではなく、徐々に夫の機嫌は悪くなっていき、暴力の爆発期を迎えるというものである。このように暴力は常に周期的に起こるとは限らないが、暴力をふるう男性も時には細やかな愛情を示し、魅力的で、社会的に成功者であったりする。暴力をふるわれてもその後に強く謝罪されればこのようなことは2度と起こらないと女性は思いたくなる。また、このような男性の行為は暴力ではなく、自分に対する過剰な愛情表現であったり、単なる性格の未熟さからくるものであり、自分の対応如何で変化するものであると考えたい女性は多い。

・「口にすること自体が恐怖で、話したことが知られたらどんな目にあうかわからない」

　Cさんは60代の専業主婦で、子どもたちは独立し、定年退職をした夫と2人で暮らしている。若い頃は身体的暴力があったが、現在は言葉の暴力が主である。夫はCさんの日常の小さなことに難癖をつけて、いかにCさんが無能であるかを大声で怒鳴る。買い物の行き帰りの時間管理などの行動規制とレシートチェックなどの経済規制もしている。Cさんと夫は家庭内別居のような状態であるが、夫の居室である2階の物音に神経を使い、いつもびくびくしながら暮らしているという。

　Cさんとの初回カウンセリングの時、こちらからの連絡先、連絡方法を確認した。これは不測の事態の連絡のために通常行っている。Cさんは電話、郵便物など一切の自宅への連絡を拒否した。どうしても連絡があるときは独立した息子の住所に郵送で知らせて欲しいと言う。おどおどした態度とこれらの対応からCさん

の恐怖感が伝わった。ひどい暴力を一度でもふるわれた者はそれが恐ろしい体験となって記憶に焼き付く。女性たちは、本当は自分がどう生きたいか、なぜこうなっているのかを考えるよりもどうすれば夫を怒らせないかを優先するようになってしまう。

3 無力化される女性

　DV被害を受けている女性を支援していて、この人はなぜこのような危険な状況から逃れようとしないのだろう、あるいは社会的に自立しようとしないのだろうと感じることがよくある。大学教育を受け、結婚前は社会で活躍していた人であっても「社会に出ても私のような人間は通用しない」「あの人の助けがなくてはやっていけない」「あの人から逃れることなど決してできない」などと言うことがある。

　Dさんは小学生の子どもを連れて再婚をした。相談を受けたのは結婚後5年を過ぎた頃であった。夫の身体的暴力は、まず嫉妬の形から始まった。殴る、蹴る、髪の毛を掴んで部屋中を引きずり回すなどの身体的暴力を受け、生命の危険すら感じられるほどであった。筆者はシェルター等への緊急避難を勧めたが、受け入れられなかった。Dさんは3年ほど前に一度、行政の力を借りて他市の母子生活支援施設に避難したことがあった。夫は狡猾な手段を使って居所を突き止め、母子生活支援施設の周りをうろうろした。子どもの通学もあり、隠れきることは困難であった。行政の関係者たちは他の施設への移転を勧めたが、「どこに移ってもきっと見つかってしまう。びくびくして暮らすのは一緒だから……」と夫の元に戻った経緯があった。ひどい暴力を受けても留まるしかないと思い込んだ彼女の選択は劇薬を使っての自殺企図であった。後にこのことを振り返って「子どもに心配をかけただけの馬鹿な行為だった」と言っている。彼女が夫から離れる決断をしたのは、連れてきた女児に対するわいせつ行為が発覚したときだった。児童虐待防止活動をする弁護士たち、DV被害者を支援する心理士、福祉関係者など多くの支援者の言葉と行動があって、彼女は新しい一歩を踏み出した。

　暴力を受けたとき、なぜ女性たちはどうにもならないと思い込んでしまうのだろうか。このような状況を説明する概念として、M. Seligmanの"学習性無力感"[1]が使われることがよくある。暴力被害を受けた女性も最初はその状況から逃げ出そうとする。しかし、何度もそれに失敗し、そのたびによりひどい状況になっていく。そして、困難な状況から抜け出すことをあきらめてしまう。「私はこの状況か

ら向け出すことができない」と学習したことになる。

　このようなひどいケースでなくてもドメスティックバイオレンスにおいて、無力感の形成は常に起こっている。DV被害者は日常的に「おまえは能なしだ」「非常識だ」「バカだ」「生きている価値がない」などの言葉にさらされていることが多い。すべてをうのみにするわけではないが、これらの言葉を日常的にあびることは抑うつを誘い、被害女性は体調を崩しやすい。交際相手からドメスティックバイオレンスの被害を受けることによって心身に不調を来したと応えた者は34.2%にのぼる（内閣府、2012.7）。被害女性は体調の不振によって、より自尊心の低下を招いていくことがある。

　女性を無力化させる大きな要因の一つとして、情報や人間関係からの切り離し、つまり孤立化も考えられる。前述のCさんは夫の厳しい行動規制から買い物の所要時間が制限され、いつも大急ぎで帰宅しなければならない。友人とのおしゃべり・ショッピングなどはもってのほかで、昔から続けていた絵画教室も行くたびに嫌みを言われるのでやめてしまった。自分の実家との電話も嫌がられ、義兄から電話があったときは大騒ぎになってしまった。このケースではないが、友人宅に乗り込んで「妻を隠した」と大暴れをするということもある。このようなことがたびたび起こると被害女性は孤立を深めていく。自分に起こっていることが暴力なのか、夫の言うように自分のいたらなさから起きている問題なのか、自分の感性や判断を他者に確認することができない。温かい言葉かけをもらってうつうつとした気持ちをはらすこともできない。このような状況に追い込まれていくことも無力化である。

4　自立をはばむもの

　多くのDV支援を行ってきた中で、とくに困難であったことがいくつかある。それは社会的慣習と経済自立の困難さである。

　ドメスティックバイオレンス被害を受けた女性が、最初から離婚を望んでいるケースは少ない。何とか自分で関係を修復しようとするが、多くの場合うまくいかない。そして周囲に援助を求めようとしたとき立ちはだかるのは"世間"という壁である。まず、両親に相談したときに我慢が肝要と諭される。「出戻り」という言葉は「バツイチ」という表現に変わり、離婚が昔ほど罪悪感をもって語られることはなくなった。しかし、娘の幸せを願う親は結婚という形態から外れたときの娘の

社会的立場を心配する。

　地方都市で、DV防止の啓発活動として、講演をしているときだった。ドメスティックバイオレンスのパターンをわかりやすくするために寸劇を演じた。夫が暴言を吐き、周囲の物を投げたり壊したりするというシーンで、会場から「あんた、そんなことはわかっとるんだからうまくやらなくっちゃ」の声があがった。発言者は中年の女性だった。夫がどのようであろうとも家庭をうまく運営するのは妻の責任であるという考え方は未だに根強い。

　「男性をうまくコントロールするのは女性の役目」という社会通念は女性自身の中にも残っている。「暴力は愛情から発するときもある」「男は感情的に爆発するときがあるがある程度は仕方がない」「女性は結婚して子どもを産んで、初めて一人前」その他諸々の社会通念が女性を縛っている。

　その中でも「子どもの幸せは両親がそろっていること」という言葉は暴力から逃げだそうとしている女性にとって一番の足かせになってきた。「ひとり親にはしたくない」「家に父親がいないと」と相談者はよく言う。両親がそろった家庭で子どもが養育されることは望ましいが、家庭内に暴力のある環境であっても、その条件が必要なのだろうか。暴力のある家庭では、子どもも同様の被害を受けることがある。また、直接の暴力を受けなくても、そのような家庭で育った子どもへの心理的影響ははかりしれない。PTSD[2]症状や神経症状が出ることもある。また、子どもが暴力を肯定的にとらえ、後々、社会的トラブルや暴力の連鎖[3]を引き起こすことも考えられる。

　2004年に改正された「児童虐待の防止に関する法律」では子どもの前でDVが行われること、その他子どもに著しい心理的外傷を与える言動は児童虐待に当たるとされた。

　それでも子どものことを考えるとき、次の一歩が踏み出せないという女性は多い。踏み出せない理由として、社会通念の問題に経済的な問題が絡んでいる。内閣府（2012.7）は調査で、DVを受けた配偶者から別れなかった理由を聞いている。"子どもがいるから、子どものことを考えたから"が57.3％で最も高く、"経済的な不安があったから"が18.9％でそれに続いている。被害女性が離婚をためらうとき「やはり子どもは大学までいかせてやりたい」と言うことがある。母子家庭で、なおかつ母親の仕事が継続した正規雇用でない場合は、生活すら大変で教育費に十分

なお金がかけられないという現実がある。

　経済的な問題は高齢者のドメスティックバイオレンス被害の場合も深刻である。ドメスティックバイオレンスの問題が取り上げられるようになったのは近年になってからである。自分の身に起こったことが暴力であると気づいたのは60歳を過ぎていたという事例もある。夫は「これは俺が稼いできた金である」と退職金、年金を管理し、また、終日家にいるために、妻に対する行動規制や命令が多くなる。妻がその時点で自立を考えても再就職は難しい。前述のCさんは、それでも残りの人生を考えるとき、「あと残り少ないからこそビクビクしないで生きたい」と離婚を決意した。しかし、多くの高齢被害者がこのような選択をすることは難しい。

おわりに

　ドメスティックバイオレンスが単に夫婦げんかやカッとなりやすい男性の一時的な所行でないことは重ねて述べてきた。暴力の起こっている関係だけでなく、社会全体に男女の性別役割意識が色濃く残っていることが問題の根幹である。これが解消されない限り経済活動における女性の自立は阻まれ、家庭における女性の地位も変化していかない。職場におけるセクシャルハラスメント、強姦、売買春の問題等、ここでは論じられなかったが、根は同じ男性優位社会のパワー差からくるものであり、社会的な構造の問題である。多くの人権侵害の問題がそうであるように、社会的な構造を考え直そうという意識がなければ変化はおぼつかない。

　社会全体の変革が急務であるが、女性自身の意識の成長もこれからの課題といえる。例えば、子育てに対し、今でも「男の子は男らしく女の子は女らしく育てるべきである」と思っている親は多い。男女のあり方に関する考え方は、まるで空気を吸うように自然に長年にわたって女性自身の意識に取り入れられてきた。富岡は「差別があまり日常茶飯事になっていると差別と認識することが難しい」と述べている（富岡、2001）。日常の中に起こっている理不尽なこと、それが些細な出来事であっても、これはおかしいと感じられる感性を身につけなければならない。それを仲間と共有し、お互いをエンパワーメント[4]することで、心を縛っているものを一つずつ振りほどいていける。

　すべての女性は、今一度自分の価値観やジェンダー観を見直し、自分自身を生きにくくしていないか、次の世代につなぐ男女共生社会とはどういうものなのかを考

えるところから始めたい。

【注】
(1) 学習性無力感（Learned Helplessness）：1967 年、ペンシルヴァニア大学の Martin E. P. Seligman らのグループが実験を行った。犬をハンモックにつるした状態で電気ショックを与えた。それらは、「避難可能群」「避難不可能群」「ショック経験なし群」の3群に分けられた。24時間後に避難可能な状態ですべての群の犬に電気ショックを与えたところ、「避難不可能群」だった犬は、一切の逃避行動を起こさなかった。何をしてもだめだという一種のあきらめを学習した者は後続の課題に対してもそれを解こうとしない（今田、1996）。
(2) PTSD (Post Traumatic Stress Disorder) 外傷後ストレス障害：自然災害、人為災害、犯罪被害、残虐行為、テロ、戦争などを体験することによって起こる精神的な後遺症といえる。このようなトラウマ（心的外傷）を体験したことで以下のような特徴的な症状を示した時、PTSD と診断される。
　〈主な症状〉
　・外傷的出来事の再体験（出来事を繰り返し、侵入的に思い出す。フラッシュバック。恐ろしい夢等）
　・外傷と関連した刺激の回避と全般的反応性の麻痺（外傷と関連した感情や会話を避けようとする。外傷を思い出させる人や場所を避ける。外傷の重要な出来事を思い出さない。他の人から孤立していたり、疎遠になっている感じがする等）
　・持続的な覚醒亢進症状（眠れない。怒りっぽい。集中困難。過度の警戒心等）
　　　　　　　　　　　　　　　　　　　　　　　　　　　（ハーマン、1996）
(3) 暴力の連鎖：暴力が暴力をうみ拡大するという意味であるが、ここでは幼児期より、親から暴力をよく受けて育った人は、親になった場合、自分の子どもに暴力を振るうことがあるという意味で使われている。
(4) エンパワーメント：エンパワーメントとは人間が本来持っている潜在力を最大限に伸ばし、発揮できるようにすることであり、その課程に連帯や連携という要素を含みながら、個人が自らの決定とコントロールができるようにすることである。

【引用文献】
・肥田幸子、太田和佐、堀篤実、大見サキエ、清水紀子、松瀬留美子（2008）『女性心理学――現代（いま）を女性として生きるために』唯学書房、第6章「ドメスティックバイオレンス」
・NPO 法人フェミニストカウンセリングなごや有志（2009）『寸劇で DV 防止活動――FCN・DV シアターの試み』つげ書房新社

- 今田寛（1996）『学習の心理学』培風館
- J・L・ハーマン（1996）『心的外傷と回復』みすず書房
- 「夫（恋人）からの暴力」調査研究会（1998）『ドメスティックバイオレンス──夫・恋人からの暴力をなくすために』有斐閣選書
- 小西聖子（2001）『ドメスティック・バイオレンス』白水社
- レノア・E・ウォーカー（1997）斎藤学監訳、穂積由利子訳『バタードウーマン──虐待される妻たち』金剛出版
- ミランダ・デービス編（1998）鈴木研一訳『世界の女性と暴力』明石書店
- 尾崎礼子（2005）『DV被害者支援ハンドブック──サバイバーとともに』朱鷺書房
- 鈴木隆文、麻鳥澄江（2003）『ドメスティック・バイオレンス──援助とは何か　援助者はどう考え行動すべきか』教育資料出版会
- 富岡恵美子（2001）「男女平等の現状と問題点」富岡恵美子、吉岡睦子編『現代日本の女性と人権』明石書店

【調査】
- 名古屋市総務局総合調整部男女共同参画推進室（2000）「女性に対する暴力調査」
- フェミニストカウンセリングなごや（2000）「女性への暴力ホットライン報告」
- 内閣府政策統括官（2001）「第2回青少年の生活と意識に関する基本調査報告書」〈http://www8.cao.go.jp/youth/kenkyu/seikatu2/pdf/0-1.html〉
- 厚生労働省（2009）「賃金構造基本統計調査2008」
- 内閣府男女共同参画局（2012.4）「男女間における暴力に関する調査報告書　2011」〈http://www.gender.go.jp/e-vaw/chousa/images/pdf/h23danjokan-gaiyo.pdf〉
- 内閣府男女共同参画局（2012.7）「配偶者からの暴力に関するデータ」〈http://www.gender.go.jp/e-vaw/data/index.html〉
- http://www.mhlw.go.jp/toukei/itiran/roudou/chingin/kouzou/z2008/index.html
- 内閣府男女共同参画室（2012.9）「配偶者からの暴力被害者支援情報」〈http://www.gender.go.jp/e-vaw/dv/01.html〉

第5章　観光に関わる人権問題

宮本 佳範

はじめに

　"観光"というと、歴史的な街や異国情緒あふれる街を散策し、ピラミッドや万里の長城などを見て古代ロマンに胸をときめかせ、ハワイやプーケットなどの美しいビーチで癒される……、こういった素敵なイメージがあるのではないだろうか。もちろん、それは事実であり、観光客は日常から離れた空間の中で一時だけの様々な楽しみを堪能する。また、そのために観光客は多くのお金や時間を費やすのである。

　「観光」の語源は、古代中国、春秋戦国時代に書かれた書物『易経』のなかにある「観国之光、利用賓于王（国の光を観るは、用て王に賓たるに利し）」という文言だといわれている。「国の光」とは、簡単に言えば、文化や景観、風習、治世など幅広い面における"その国の素晴らしさ"のことと解される。また「観る」は「みる」と「みせる」の両義があるといわれている。したがって日本語でいう「観光」には、その国の素晴らしいところを観る（見る）・観せる（見せる）、という二つの意味が込められているのである。その後、「観光」は国威発揚の意味で用いられるようになり、オランダから江戸幕府に送られた蒸気船が「観光丸」と名付けられたことなどは、観光分野の教科書的な本でよく取り上げられていることである。

　国の威信を示すためにその国の素晴らしさを諸外国に示そうとすることは、現代の観光開発でも見られるものである。また、現在は国の威信を示すためというよりは、経済的な利益をあげるために観光開発を行う場合が多いだろうが、いずれの場合もその地域の素晴らしさを外に示そうとするという意味では同じであろう。

　しかし、国の「光」を積極的にアピールしようとする場合、「光とみなされるもの」と「光とみなされないもの」の区別が生まれる。そして、「光とみなされないもの」を排除しようとする力が働くのである。観光開発の場面でいうならば、開発

の妨げとなる人や物、文化は排除され、逆に必要な人や物、文化が都合よく利用されるということになる。実際にそのような事例が世界各地の観光開発の過程で見られるのである。

　冒頭で挙げた観光の素敵なイメージは観光客側にとっての印象にすぎない。そんな素敵な観光地が創られていく過程で、社会的・経済的に力を持つ者によって弱い立場にある者が理不尽な扱いを受け、搾取され、傷つけられているという事実がある。

　近年、日本でも「観光立国」を掲げ、観光の素晴らしさ、メリットが強調されている。もちろん、それを否定するつもりはない。しかし、本稿では、「光」を追求するあまりに生じる「影」の部分、華やかな観光の影で生じている様々な問題のうち、特に"人権"に関わる問題を広く知ってもらおうとするものである。なお、本稿では"人権"を法律的に厳密に捉えるのではなく、すべての人々が「人が人らしく生きるため」に必要な自由、権利として幅広く捉えていきたい。

I　主に観光開発に関わる人権問題

　観光開発が計画される場合、その地域住民すべてが観光開発に前向きとは限らない。それまでの生業を続けていきたい人、観光化してにぎやかになることを望まず穏やかな生活を送りたい人などもいるだろう。しかし、大規模な観光開発は巨大企業や政府など力のある者が推進する場合が多く、観光化を望まない人々も否応なく観光化の流れに組み込まれていく。ここでは、そのような観光開発によって生じている人権に関わる問題についていくつか紹介しておきたい。

1　観光開発と住民へのしわ寄せ
　観光は地域の活性化に貢献するものとして期待されている。しかし、実際には観光開発が地域住民の不利益を顧みず進められるなど、観光開発のしわ寄せが一部の地域住民にいく事例は後を絶たない。極端な場合、観光開発地域に住む住民が強制的に立ち退かされる、立ち退かざるを得ない状況に追い込まれるといった事態も起きている。

　典型的な事例は、観光開発の成功事例として名高いハワイ・ワイキキであろう。山中（1992）によれば、ワイキキではもともと先住民によって彼らの高い農耕技術

に支えられた生産性の高い農業が営まれ、主食であるタロイモやヤムイモが栽培されていたという。さらに、海の水を巧みに導き入れて養魚池が作られ、魚の養殖が行われていたという。しかし、19世紀以降、白人がハワイに移住するようになり、さらにアメリカに併合されることになる。そして、ワイキキに対する白人の観光保養地としてのニーズが高まり、それに応えてリゾート開発が進められていった。その過程で、ワイキキで農業や漁業を営んでいた先住民の人々は事実上追い出されていったという。山中（1992）は、ワイキキの開発過程を「今日世界中で発生しているリゾート開発問題を先取りするものだった」と述べ、開発過程の問題を次のようにまとめている。

「土地の所有権や使用権を本来の持ち主である農民や漁民から巧みにディベロッパーが取り上げ、開発から生じる利益を独り占めしていく。開発の過程では、著しい環境開発が伴い、地域で農業や漁業を続けようとする人々を直撃し、最後には営農の意志をくじいてしまう。そして、完成したリゾートから地元の人々はほとんど締め出されてしまうのである」(p.84)

こういった先住民の生活を無視したリゾート開発はヨーロッパ諸国がアジアやオセアニア、太平洋諸国に進出していた19世紀という時代ならではの出来事というわけではない。現在でも、同じように地元住民の生活が事実上無視される形で観光振興が行われる例は、程度の差こそあれ、至るところで見られる。

例えば、江口（2009）は、ポルトガルの植民地として栄えたマレーシアのマラッカの観光開発の事例を取り上げている。そこでは、マラッカにあるポルトガル人村が、20世紀以降に州政府による観光推進政策のもとで観光化が進められる過程で、そこで暮らしてきたポルトガル人たちの生活がないがしろにされ、壊されていったいきさつが紹介されている。ポルトガル人村が設立された初期の目的は最も貧しいポルトガル人漁師の救済にあったという。しかし、その後マラッカ州政府はそこに残るポルトガル文化を観光資源とした観光化を進めていったのである。そして、増加する観光者のニーズにあわせて沿岸を埋め立て、宿泊施設やショッピングセンターを建設していった。その影響で漁場は荒れ、当のポルトガル人漁師たちはますます困窮化していったという。江口はそれを「州政府は、観光化の推進のために、ポルトガル人としての生存基盤を骨抜きにしながら、ポルトガル・イメージのみを

流用しているわけだ」と述べている。エスニック・マイノリティとしてのポルトガル系住民の生活がないがしろにされる形で観光化が進められてきたことがわかる。そのうえ観光資源として利用されているのは自らの文化なのである。

　さらにひどく、観光開発に伴い政府等によって地域住民が強制移住させられる場合もある。例えば、ラオスのチャンパサック県では、世界遺産となったワット・プー遺跡周辺の観光開発に伴い、地方政府によってワット・プーに隣接するノンサ村の100戸以上が強制移住させられることになったという（西村、2008）。また、2008年の北京オリンピック開催に向けて、北京の街中に残っていた昔ながらの下町情緒あふれる胡同（フートン）が再開発の波にさらされ、その住人が強制的に退去させられたというニュースは記憶に新しいところである。先進国としての中国を世界にアピールしたい中国政府にとって、下町情緒あふれる胡同はみすぼらしく前近代的な場所であり、外国人が多く訪れるオリンピックの前に破壊しようとしたのだともいわれている（観光地となっている一部をのぞく）。人権団体の居住権・強制退去問題センター（本部ジュネーブ）によれば、北京五輪開催に伴って強制的に立ち退かされた人の数は125万人以上にのぼるという（東京新聞 web、2007）。

　以上のように、観光開発が進められる過程で、その地域住民にしわ寄せが行き、生活が破壊されるという問題は至るところで起きている。ここで紹介した事例は、いずれも地方政府等が率先して観光開発を行っている。本来なら経済的利益を優先しがちな民間業者による行き過ぎた開発から地元住民を守る立場である地方政府が観光開発推進を優先するなかで、弱い立場にある住民はなすすべもなく、生活を踏みにじられているのである。

2　新植民地主義

　第2次世界大戦後、植民地支配を受けていた多くの国々は独立を果たしたが、その後も経済的、文化的なつながりなど様々なところに植民地時代の関係性が残っている。このような状況はポスト・コロニアルといわれている。それは、ただ過去の植民地主義の名残があるというだけではない。現在、先進国の企業（多国籍企業等）はかつて植民地支配をしていた国々に進出し、そこで得た多額の利益を本国にもたらしている。早期に近代化を達成した資本を持つ「北」の先進各国が、発展途上の「南」の国々を経済的に支配しているとさえいえる状況があり、それは特に新植民地主義（ネオ・コロニアリズム）といわれる。

このネオ・コロニアリズム的な関係は観光分野にも典型的に表れている。観光は、その地域経済を支える産業や資源の乏しい発展が遅れた地域にとっては魅力的な産業である。しかし、観光開発には多額の資金が必要であり、その地域が負担することが困難な場合、先進国の協力により行うことがある。また、当該観光開発が生み出す多額の利益を見込んで先進国の企業側から開発を提案することもあるだろう。いずれにしても、先進国からの投資や先進国の企業によって開発が行われ、世界的なホテルチェーンなどが進出する。その結果、観光地として人気を博したとしても、観光から生じる利益は開発を行った先進国の企業や旅行会社、ホテル等が持ち去ってしまうことになるのである。

　橋本（1999）は観光開発の鏡とされるハワイを典型的な新植民地主義の事例として取り上げている。その中で、「ハワイが土地を提供し、海外資本は施設を作り、よく働く安い移民労働力を使い、観光者が落とす金を海外に持ち帰る。これはまさに『植民地』の基本的な構造と同じである」と述べている。このような状況は、経済的な力を背景にした先進国による発展途上地域からの搾取構造に他ならない。同様な開発事例は東南アジア、オセアニア地域のリゾート地でも見られる。

　外資によって建てられたホテルやショッピングモール、その他観光施設は外国人によって経営される。観光化によって豊かになると信じて土地を提供し、それまでの生業をやめたとしても、その地域の住民は、ホテルの従業員やレストランのウェイトレスといった地位も低く低賃金な職業に就くことを余儀なくされるのである。もちろんこれは極論であり、同じ観光地であっても利益を得て生活が改善する住民もいるであろう。また、この問題は厳密には人権問題といえるものではないかもしれない。しかし、1で述べた観光開発の過程で生じる住民へのしわ寄せとも関連する問題であり、観光化が住民にもたらす負の影響のひとつとして知っておく必要があるだろう。

3　利用される人々

　観光開発の妨げとなる住民が排除されるのとは反対に、観光に役立つとみなされる人々が強制的に、もしくは否応なく観光に利用されるという問題も生じている。それは、一部の少数民族観光の推進過程で典型的に見られるものである。

　インドシナ半島北部の山岳地帯には、前近代的な伝統的生活文化を保持する多くの少数民族が住んでいる。彼らの文化は先進国の観光客を惹きつけるものであり、

タイ北部などでは少数民族を対象とした観光開発が行われてきた。その少数民族観光の現場で起きている人権に関わる重大な問題として最も知られているのは、タイにおけるカヤン族（首長族）観光の事例であろう。カヤン族はミャンマーやタイ北部の一部に住んでいる。そのうち、観光化が進んでいるのはタイに住んでいるカヤン族である。カヤン族の女性は小さいころから首にコイルを巻き、首を長く見せる独特な風習があるため「首長族」ともいわれている。その特異な姿は少数民族の文化に関心のある観光客や秘境を求める観光客に人気が高く、彼らが住むタイ北部のメーホンソーンなどではカヤン族の村を訪れる観光が行われている。タイに住むカヤン族は、もともとミャンマーから移住してきた難民であり、本来なら難民キャンプから出ることは許されない。しかし、彼らが観光客を惹きつけることに注目した観光ブローカーや観光振興に力を入れる行政当局の手によって難民キャンプから連れ出され、観光対象として利用されるようになったのである。難民という弱い立場にある彼らは、実質それを断ることはできないであろう。そして、カヤン族はタイ北部における少数民族観光の象徴的な存在となっていったのである。

　彼らの住む村を観光する観光者は村の入り口で（もしくは旅行会社に）入村料を払い、中に入る。村内の道沿いには、お土産物を売る簡素な店舗が点在している。その中から、首にコイルを巻いたカヤン族の女性は観光客に微笑みかけ、観光客の向けるカメラの被写体となり、お土産物を売っているのである。

　須藤（2007）によれば、首にコイルを巻いている女性には1か月に1,500バーツ支給されているという。また、首にコイルを巻くこと自体は必ずしも強制されているわけではない。それを考えれば、カヤン族の人々は職業として自ら観光対象となっているように感じられるかもしれない。しかし、彼らはあくまでミャンマーから逃れてきた難民である。したがって、第三国から難民の受け入れが表明されれば、その国に移住し新しい生活を始める機会が認められるはずなのである。しかし、フィンランドおよびニュージーランドからカヤン族を受け入れるという表明があったにも関わらず、タイ政府はそれを拒絶しているのである（BBC NEWS、2008）。同記事では、UNHCR（国連難民高等弁務官事務所）の見解として、タイ政府が彼らを他の難民と異なる特別な扱いをしている理由は、カヤン族の人々がその地域の観光産業の中心的な役割にあるからだろうと伝えている。このような状況にある彼らは、観光のために軟禁されているような状態なのである。そして、記事は観光対象とされているカヤン族女性の「自分は囚人のようだ」という言葉を掲載する

とともに、彼らを対象とした観光の現状を「人間動物園（human zoo）」として批判しているのである。この事例は明らかに彼らが観光対象であるがゆえに生じた人権問題の典型的な例といえよう。

　もちろん、少数民族を対象とした観光を行うこと自体が問題なのではない。その国で多数を占める民族に対して低かった少数民族の社会的地位が、彼らを対象とした観光の成功により改善していくような場合もある。しかし、カヤン族観光の場合、仮に多くの観光客が訪れるようになり、その意味で観光開発が成功したとしても、それは彼らの社会的地位の向上につながるものではないだろう。観光開発の主体となっていない彼らは、単なる商品であり、利用されているに過ぎないのである。

　カヤン族の例は極めて極端な事例かもしれないが、これに類する事例は他の地域でも見られるものである。特に、観光開発が当該民族ではない者によって主導されている場合に問題が生じやすい。例えば、西村（2008）は、ラオスのチャンパサック県において、地方政府（県政府）が周辺の「少数民族」を観光資源化していく過程で生じた問題について報告している。その中で、当該少数民族を対象とした観光の推進が「周辺化された人々を対等にとらえ、彼らを中心にすえることではなく、周辺におき続けることで生み出される価値を新たに見い出しているように思われる」と述べている。この事例でもその観光振興は観光対象となる民族以外が主導しており、当該少数民族は利用対象にすぎない。仮に観光開発が成功したとしても彼らは「周辺」に置かれたままの存在であることに変わりはない。このような観光開発のあり方は、少数民族の人々の地位向上に貢献するものとは言い難い。程度の差こそあれ、弱い立場にある少数民族の人々を観光に利用し、そこから生み出される利益を搾取する観光開発の在り方には人権上の問題が内包されているといえよう。

II　観光関連労働と人権問題

　観光開発が成功し、多くの観光客がその地域を訪れるようになると、観光に関わる様々な仕事が生み出される。それは観光化のメリットのひとつである。しかし、その観光に関わる仕事の現場においても、弱い立場にある者が、経営者、管理者等から搾取され、または過酷な労働、不健全な労働を強いられるなどといった問題が生じている。ここでは、特に東南アジア地域で問題とされてきた観光地での売買春

と児童労働の問題について取り上げてみたい。

1　観光地での売買春

　観光地と売買春は、古くから密接に結びついていた。しかし、売買春は観光との関わり以外でも広く行われてきたものであり、観光固有の問題といえるものではない。また、売買春を女性に対する人権侵害であるという立場もあれば、女性の権利として捉える立場もある（これらの議論については、中里見（2007）、宮台ほか（1998）などを参照のこと。なお、女性が男性を買う場合もあるが、本稿では売買春の多くを占める男性が女性を買う場合を想定して論じることにする）。売買春が合法化されている国も多く、売買春それ自体は必ずしも人権問題として社会的に合意されているとはいえないだろう。いずれにしても、売買春が批判される場合、当該女性に対する人格の侵害といった論点に加え、より包括的に、男性による女性支配、女性差別、女性の地位を蔑むことにつながる行為として批判されている。それは、一言でいえば、「男」と「女」の力関係に関わる人権問題としての捉え方である。しかし、本稿では一般的な男と女の力関係の問題としてではなく、第一に、東南アジア地域の観光地で買春の対象となる女性の人権がどのような形で脅かされているか、第二に、なぜ東南アジア地域で公然と言ってもいいほど大規模かつ組織的に外国人観光客を対象とした売春が行われるようになったのか、そこに潜む人権上の問題は何か、に焦点をしぼって考えていきたい。なお、東南アジア地域の観光地で行われてきた売買春の実態については、松井（1993）やオグレディ（1995）が詳しい。内容はやや古いものであるが、そこで記述されているようなことは現在も形を変えつつ残っており、完全に過去の話と言えるものではない。本稿では、これらの書籍に記された事例を踏まえつつ、上記二つの視点から観光地での売買春について考えていく（以下、具体例等については上記書籍によるものである）。

　まず、買春の対象となる女性の人権がどのような形で脅かされているのか、についてみておきたい。上記書籍には次のような事例が多く示されている。例えば、10代半ばで貧しい農村から売られてきて、その両親に払った金額がそのまま借金となり、その借金を返すまで（実際にはそれ以上）お金がもらえないまま不衛生な小部屋に監禁され、日々多くの観光客を相手にすることを余儀なくされている女性がいること。売買春を仲介するポン引き達に搾取されつつ、1日に10人以上を相手にしなければならず、拒否すれば激しい暴行を受け、また、妊娠すれば暴行により流

産させられるような女性がいること。不法滞在で捕まった後、警察に性的暴行を受けたあげく売買春を斡旋する者に売られていった女性のこと。お手伝いさんの仕事があると言われて連れて来られ、セブ島のビーチ・ホテルなどで客を取らされ、必死に抵抗し、泣き叫び、逃げ回って、殴られ、レイプされて売春生活に追い込まれていく女性のこと。さらには、男性客の曲がった趣向に加え、エイズに対する恐怖や中国人の処女に対する迷信などから、子どもたちが買春の対象となり、そのために拉致され、売買されていること。そういった例を挙げればきりがないほど、タイやフィリピンの観光地における売買春の現場では、女性に対する暴行、監禁、そして性的サービスの強要、さらには子どもの売買、拉致、その他様々な非人道的行為が行われてきたのである。

　東南アジアの観光地の場合、主たる買春客が先進国からの観光客であるという特徴、そして、公然と言ってもいいほど大規模に行われてきたという特徴がある。例えば、1970年代には多くの日本人男性が会社の慰安旅行などでタイやフィリピンを訪れており、旅行会社が事前にそのツアー参加者の人数分の女性を買春相手とするために手配するといったことが行われていた。その大規模な買春ツアーには有名な5つ星ホテルですら関わっていたのである。例えば、マニラのラマダホテルは、ある夜、600室ある客室のほとんどが日本人団体客で埋まり、その晩に332人のフィリピン女性がホテルの裏口から入り、宿泊していったという（松井、1993）。また、欧米人は日本人のように団体で手配するわけではないが、事実上売買春の仲介を行っているクラブやディスコ、バーなどに行き、そこにいる女性の中から自分の好みの女性を見つけ、連れ出していくのである。そういった店はガイドブックなどでも紹介され、堂々と売買春が行われていたのである。今でこそ、旅行会社の大規模な買春ツアーはほとんどなくなっているといわれるが、タイをはじめ東南アジア諸国に買春目的の観光客が世界中から集まっているのは現在も同じである。

　では、なぜ東南アジア諸国でこれほどまでに外国人観光客を対象とした売買春が盛んになったのだろうか。外国人観光客にとって、母国よりも東南アジア地域で買春する方が安いことなども理由の一つかもしれないが、それだけではない。安福（1996）は、東南アジア諸国が観光振興に力を入れる過程で、女性のセクシュアリティは観光対象（ツーリスト・アトラクション）とみなされて性の商品化が行われ、さらに商品化された性は、観光用の宣伝にも用いられるようになっていったと指摘する。そして、観光用の宣伝に女性が登場するのは世界中でみられる傾向であると

第5章　観光に関わる人権問題　　　85

したうえで、東南アジアでは特に観光という局面における性の商品化が顕著だという。さらに、「女性のセクシュアリティの強調は、性に対して開放的な女性のエロチックなイメージ形成のための要素」となり、そこに東南アジアが持つエキゾチズムが合わさって観光広告に利用されることにより、「エキゾチックな商品としての性サービスを女性の役割とするステレオタイプ化」がなされてきたという。つまり、観光客を呼び込むために、東南アジアの女性は性に対して開放的でエロチックであるというイメージがエキゾチックなイメージと結び付けてアピールされ、定着していったのである。そして、そのようなイメージは観光客の買春に対する罪悪感を減少させ、買春そのものに対するハードルを下げることにつながるのである。このような一種の偏見によって東南アジアの女性イメージが作り上げられたことが、この地域で大規模かつ組織的な売買春が繰り広げられるようになった要因のひとつとして考えられるのである。

2　観光関連の仕事と児童労働

　観光開発は、その地域に多くの仕事を生み出し、地元の人々の雇用を創出することが期待されている。しかし、一方で特に発展途上の国々では、観光化によって生まれた様々な仕事に、多くの子どもたちが従事している現状がある。観光に関わる仕事というと、明るく楽しそうな印象を持つかもしれないが、観光の現場で働く子ども労働者は、搾取や暴力、買春の対象となりやすく、また不衛生な生活、不規則な生活、教育を受ける機会の喪失など子どもとして問題ある状況に置かれている場合が多々見られるのである。発展途上国における児童労働の現状については『フィリピンの児童労働と観光産業』(ILOフィリピン・プロジェクトチーム編、2001)のなかで多くの事例が紹介されている。その内容は、フィリピンに限らず、他の地域でも見られるものである。同書では、観光産業の仕事を、(1)エンターテイナー(接客係、ダンサー、シンガー、モデル)、(2)ホテル・レストラン従業員(ウェイター／ウェイトレス／給仕、バーテンダー／バーメイド、掃除婦／管理人)、(3)セックスワーカー(売春、コールボーイ／ガール、ぽん引き)、(4)路地経済従事者(通りでの行商／呼び売り商人、駐車誘導等)、(5)その他(ティーガール、ピンボーイ)に分類している。そして、子ども労働者が最も多いのがエンターテイナーだという。しかし、エンターテイナーといっても仕事内容は主として客の接待であり、そこでは客からの非常に密接で親密な肉体的接触を許すことが多いという。エンターテイナーの次

に子ども労働者が多いというホテル・レストラン業でも、彼らの職場はバー、パブハウス、ナイトクラブ、ディスコ、ゲイ・バー、カラオケ・バーなどだという。そして、「子ども労働者が観光部門で直面する異常な点（およびリスク）のひとつは、通常の勤務時間が夕方に始まり、翌日の早朝に終わることだ」と指摘している。これだけでも、いかに、観光に関わる仕事をしている子どもたちが不健全な状況におかれているかがわかるだろう。さらに、「観光産業で働く場合に生じる重大な問題のひとつは、見かけは健全な仕事から裏の仕事、すなわち売春へと、子どもたちが一線を越してしまう危険性が非常に高い」という。そして、子ども労働者に行ったインタビューの中では、育った家庭環境、現在の過酷な状況、学校に行きたい、普通の生活を送りたい、という切実な願いがつづられている。

　フィリピン以外でも、タイやカンボジアなどの外国人観光客が集まる繁華街などでは同じようなことが起きている。こういった観光に関わる問題ある現場で働く子どもたちのすべてが強制されて仕事をしているわけではない。家族を養うため、兄弟を学校に行かせるため、家庭環境に恵まれず家出したり、自暴自棄になった結果として自らこういった仕事に就いたりしている場合もある。しかし、観光化によって生み出された仕事が安易に子どもにそのような労働の機会を提供していることが、結果として彼らの子どもとしての権利を奪うことにつながっているという側面もある。

　また、少数民族を対象にした観光が行われている地域では、観光客相手に民芸品などを売り歩く子どもがたくさんいる。筆者がたびたび訪れているベトナム北部の街、サパでは民族衣装を着た小さい子どもが刺繍の施されたアクセサリーを持って観光客に駆け寄っていく姿をよく見かける。観光客相手に物売りをするために、学校にたまにしか行かない子どもも多い。サパの子どもたちも誰かに強制されて物売りをしているというよりは、ある程度の年齢（小学生くらい）になった女の子の"あたりまえ"の日常として行っているのである。友達同士楽しそうに遊びながら、観光客を見つけては走っていく。観光客もそんな無邪気な子どもたちと一緒に写真を撮り、民芸品を買う。しかし、観光地でなかったら、彼らは学校に行っているかもしれない。きっと観光客の母国では子どもたちが同じことをしていたら問題視されるに違いない。自分の母国の子どもたちを見るまなざしと同じように観光地の子どもたちの日常を観察し、彼らの子どもとしての権利が守られているか、その侵害に観光が手を貸していないか、いま一度考える必要があるのではないだろうか。

Ⅲ　観光地の人権問題を生み出す要因

　以上、観光地で見られるいくつかのタイプの人権に関わる問題を紹介してきた。しかし、ここで紹介したようなことは先進国の観光地ではあまり問題となっていない。つまり、このような観光に関わる人権問題が生じるのは主に発展途上国の場合であるといえよう。では、なぜ発展途上国の観光ではそのような問題が生じるのだろうか。もちろんそれは簡単に説明できるものではないだろうが、ここでは二つの要因について述べておきたい。

1　利益優先の開発・経営

　マクロな視点から言えば、「『北』の豊かな国の観光者が、『南』の貧しい国の観光地を大挙して集中的に訪れる」(安村、2001) という国際的なマス・ツーリズムの構造そのものが問題の源泉となっている。発展途上地域にとって、先進国からの観光客が大勢来ることによってもたらされる大きな経済的利益は、観光開発を進める原動力となる。豊かな先進国からの観光客をターゲットにした観光化が成功した場合にもたらされる経済的利益が大きいと予想されるがゆえに、開発ディベロッパー、旅行会社やホテルチェーンなど、社会的に力を持った者がこぞって観光開発を推進する側に結集する。さらに地方政府や行政側も地域活性化への効果を期待して観光開発を推進する側につく。その結果、観光開発を望まない者の声はかき消され、観光関連以外の仕事を生業とする地域住民、先住民族、少数民族といった社会的に弱い立場にある人々に、そのしわ寄せがくるといえよう。しかし、そうして観光開発が進められたとしても、観光から生じる利益が必ずしもその地域にもたらされるわけではないことは既に述べた通りである。

　さらに、観光客とその地域の人々との間に大きな経済力の差があることも問題を生み出す要因の一つである。観光客が気軽に使う金額は現地では非常に高額なものであり、観光客が一晩に使う金額が地元の人の月収に相当するような場合も珍しくない。その差があるからこそ、外国人観光客が落とすお金目当てにホテル、レストラン、クラブやバー、その他風俗産業など外国人観光客を相手にする商売が集まる。もちろん、資本を持つ者（外資を含む）が観光地を開発し、観光客向けのホテルやレジャー施設を作り運営すること、その他バーやクラブなど観光客相手の商売を営むこと自体に問題があるわけではない。問題が生じるのは、不利益を被る者に

対する配慮が十分になされないまま開発が進められる場合や、利益を優先するあまり社会的弱者を不当に安い賃金で働かせ、搾取し、必要以上に私生活まで管理するようなことが行われる場合である。観光客相手の商売をする者は善良な者ばかりとは限らず、より多くの利益を得るためには手段を選ばないような者もいる。そして、稼ぐ手段の乏しい弱い立場の貧困層の人々、女性や子どもが、劣悪な環境での労働を強いられ、搾取され、観光客相手の売春を強要されるなどといったことが横行しているのである。このように経済的利益が優先されることが、住民や社会的弱者に対する人権問題を生み出す原因の一つであるといえよう。そして、そのように経済的利益が優先される背景に、「北」の豊かな国の観光者が、「南」の貧しい国の観光地を訪れるという国際観光の構造があることを忘れてはならない。

2　観光客のまなざし

　経済的に豊かな「北」の人々が貧しい「南」の国々を観光に訪れるという構造、観光客が気軽に使う金額がその地域では極めて高額であるという現実が、観光客と観光地の人々の関係性に影響を及ぼすとしても、それだけで観光者の行為が説明できるわけではない。観光地での買春ひとつとってみても、自国で買春するより安いから、という金銭的な理由のみでその地域で外国人観光客による買春が盛んになるという単純なものではない。仮に、倫理的に売買春を否定する考えを持っていれば、経済的な優位な地位にあったとしてもそれだけで売買春を行うわけではない。また、前述のように東南アジア地域の観光振興の過程で、東南アジアの女性は性に対して開放的だというイメージ（偏見）が観光宣伝等で強調されたとしても、観光者側にそれを妥当なものとして受け入れる地盤がまったく無ければ、これほど定着することもなかっただろう。つまり、観光者の心の中に、自国では行わないようなことであっても、東南アジア地域なら（東南アジアの地域の人々を相手にするのであれば）それを行ってしまうような、東南アジア地域に対するある種の偏見のようなものがもともと備わっていると考えられる。それを説明する概念として、エキゾチズムやオリエンタリズムについて述べておきたい。

　タイやフィリピンにおける観光振興の過程でセクシュアリティと合わせてアピールされてきたエキゾチズムとは、もともと「西欧の文化的優位と東洋の文化的劣位を前提」（須藤、2005）とした西欧中心主義的視点からの異文化認識である。また、同じく西欧諸国の東洋に対するまなざしとして知られるオリエンタリズムも、東洋

を遅れた地域とみなす認識に基づくものである。それらは日本も含む東洋全体に対するまなざしであるが、発展途上地域の多い東南アジアの国々は、特にエキゾチズムやオリエンタリズムという名の異国情緒を感じやすい地域だといえよう。また、後進性の認識は、単に経済発展が遅れているという面に限らず、社会システム、社会的倫理的規範といった社会秩序や文化、考え方にまで及ぶ。もちろんそれは西欧的近代化を遂げた先進国側からの見方にすぎず、何をもって進んでいるのか、遅れているのかは一概にはいえないだろう。しかし、国際観光の現場において観光客を送り出す側が現在の先進国である以上、そういった認識は（認識自体の是非はともかく）無視できないものである。そして、前近代的な文化を持つ遅れた地域という認識が、例えば性的な欲求を適切に表に出さない近代性を持った自国の女性に対して、東南アジア地域の女性は性に対して開放的（言い方をかえれば「ふしだら」）だという作られたイメージを強化していくことになる。それにより、東南アジア地域で買春を行う倫理的ハードルが下がるのである。このような東南アジアを劣位に捉える認識が現れるのは買春だけではない。本稿で取り上げた児童労働に関しても、先進国である自分たちの国の子どもは学校に行くべきだが、この地域では子どもが働くのは仕方ないと考える、働いている子どもたちを見て親孝行だと考えるその背景には、東南アジアを劣位に捉える認識が見てとれる。共に、近代化した社会においては推奨できる行為ではなくても、前近代的な地域であれば許容されると考える点は同じである。観光客自身がそのような偏見に気づいているか否かは別として、エキゾチズムやオリエンタリズムを求めてアジアを訪れる観光客、特に、母国ではやらないような行為を行う者、同郷の者に対する場合と異なる態度で現地の人々と接する者の中には、そういった認識が少なからずあるだろう。

　もう一つ、観光客と観光地の人々との圧倒的な経済力の差から生じる観光者自身の自己優位認識も、対人場面における観光者の行為に影響を及ぼすものである。発展途上地域を旅行するなかで、観光客はその地域の貧しさ、後進性を肌で感じる場面に多く出くわすことになる。街から街に移動する間に通過する村々で見かける人々の生活や、都市では秩序が守られない交通の様子に戸惑うだろう。そして観光地では多くの物売りが集まってきて、現地の人が買う価格よりも数倍の値段をふっかけて少しでも高く売ろうとする。観光客が多く集まる地域には物乞いが多く集まっていることもある。また、少数民族観光に行くと、少数民族の子どもたちが集まってきては「1ダラー」と手を差し出してくる。木と草で作られた簡素な家々、

ガスも無く、薪と炭で夕食を作っている様子、身ぶり手ぶりでお金が無く子どもに十分な食事を与えることができないことをアピールして民芸品を買ってくれるように頼む母親の姿……。

こういった地域を旅行するうちに、観光者はおのずと自らの立場の優位性を感じるようになる。それは、単なる経済的優位性にとどまらず、まるで地位や身分が上であるかのような錯覚を生み出してしまう。東南アジアの観光地では、外国人観光客が現地の人々を見下したような高圧的な態度で接したり、集まる物売りや客引きに対しまるで犬や猫を追い払うように扱ったりする様子を見かけることも多い。逆に、集まってくる子どもたちにビスケットやキャンディーを配ったり、子どもから物を買ってあげたりする観光客の姿も見かける。それはまるで戦後の日本におけるアメリカ軍のイメージと重なるようなものである。子どもに物をあげたり、物を売る子どもから小物を買ってあげたりするのは善意かもしれない。しかし、その善意の背後にある、働いている子どもを親孝行だと肯定的に捉えるまなざしには、先に述べたように、自国の子どもは学校で学ぶべきだが、この地域は発展途上で貧しいのだから彼らの場合は仕方ない、という差別的な認識が含まれているのである。

こうして、西洋中心主義的なエキゾチズムやオリエンタリズムに加え、観光客自身が観光地の人々の相対的な貧しさ、前近代性を目の当たりにすることで、いっそう東南アジア地域を遅れた地域とみなすようになる。そのようにして東南アジア地域の観光地の人々や社会を劣位に捉える認識が観光客の意識の中に形成されてしまうことが、母国では行わないような行為を気軽に行ってしまう背景の一つとしても考えられるのである。

IV 観光地の人々の人権を守るために

観光開発の過程では、地域にもたらされる経済的メリットや地域活性化といったプラスの効果が示され、観光開発が「地域のため」であることがアピールされる。しかし、実際には「地域のため」になるどころか、地元の人や社会的弱者の人権がないがしろにされている場合が多くみられるのである。では、どうすれば観光との関わりで生じる人権問題を防ぐことができるのだろうか。それは簡単に答えを導きだせるような問題ではないが、ここでは二つの点についてのみ述べておきたい。

第一に、政府や行政の役割である。観光に関わる人権問題を防ぐためには、まず

第5章　観光に関わる人権問題

その加害者側となる観光開発をする者、観光地で商売を営む者などが地元住民や社会的弱者に対して十分配慮すべきであることはいうまでもない。しかし、営利目的の企業活動を当事者の倫理のみで制御するのは現実的ではないだろう。そこで、行政等が適切な規制や監視を行うことで地域住民の人権を守ることが必要である。本稿で取り上げた人権問題が生じている観光開発過程では、行政等が観光開発を積極的にすすめる側となっていた。もちろん、行政等も「地域のため」になると考えて観光開発を推進しているのかもしれない。しかし、政府や行政、開発ディベロッパーなど力のある者がこぞって開発推進にまわることで開発側の論理が優先され、結果として開発の妨げとなる地域住民の人権が脅かされる事態が生じてしまうのである。特にその地域の住民が先住民、少数民族等である場合はそれが顕著である。それは、タイのカヤン族の事例やハワイの観光開発の事例をみれば明らかである。行政等は、当然ながら先住民、少数民族を含めた地域住民に対する人権侵害に手を貸すべきではなく、住民の人権が十分に守られるよう開発計画や開発過程をチェックし、住民の人権を尊重した観光開発、観光地でのサービス提供が行われるよう指導する役割を果たすことが求められる。また、場合によっては人権問題を監視する国際的な機関によるチェックを受け入れることも必要であろう。

　第二に、観光者に対する観光倫理教育の必要性についてである。エキゾチズムやオリエンタリズムといった西欧中心主義的思想や、観光地において自らの経済的優位性を実感することから派生した東南アジア地域を劣位なものとして捉える認識を変えていく必要がある。母国では買春等に手を出さない人が、東南アジアの旅先では買春を行う。それは、日常から離れた旅行中という状況から生まれる浮ついた気持ちが影響している場合もあるだろう。しかし、少なくとも最初からそれを目的として訪れる場合、旅先という非日常性を言い訳にすることはできない。南の国々の人びとを性的に開放的な民族としてみるまなざし、観光地で働く子どもたちを肯定的に見るまなざし、少数民族観光に未開性を期待するまなざし……。こういったまなざしは、相手の文化を異文化として対等に尊重するものではない。あくまで自らの文化を優位なものとして捉え、相手の文化を劣位に捉えるまなざしにほかならない。もちろん観光客個人は悪気もなく、自らの奥に潜む偏見を実感していない場合も多いだろう。したがって、そういった観光客一人ひとりが自らのなかにある偏見等に気づき、観光地で適切に振る舞うことができるようにしていくことが大きな課題となる。それは、日本をはじめ、多くの観光客を世界中に送り出している国側の

責任といえよう。

　以上のように、観光地で起こるさまざまな人権問題を防ぐためには、観光地側（行政など）の取り組みはもちろん、観光者送出国側の取り組みも必要なのである。この、観光者送出国側の責任については、これまで一部を除きあまり指摘されてこなかった。「国の光を観る」という観光の語源に「観る」と「観せる」の意味があったように、観る側（観光客）、観せる側（観光地側）がそれぞれの立場から、観光が地域住民および観光客にとってより良いものとなるよう、努力していくことが望まれる。

【引用・参考文献】
・BBC NEWS（2008）Burmese women in Thai 'human zoo'（30 January）〈http://news.bbc.co.uk/2/hi/asia-pacific/7215182.stm〉2012年9月20日参照
・江口信清（2009）「11　マラッカの観光化とポルトガル系住民の苦悩」藤巻正己・江口信清編著『グローバル化とアジアの観光――他者理解の旅へ』ナカニシヤ出版
・橋本和也（1999）『観光人類学の戦略――文化の売り方・売られ方』世界思想社
・ILOフィリピン・プロジェクトチーム編（2001）日本労働組合総連合会訳『フィリピンの児童労働と観光産業』明石書店
・松井やより（1993）『アジアの観光開発と日本』新幹社
・宮台真司・速水由紀子・山本直英ほか（1998）『「性の自己決定」原論――援助交際・売買春・子どもの性』紀伊國屋書店
・中里見博（2007）「ポスト・ジェンダー期の女性の性売買――性に関する人権の再定義」『社會科學研究』58（2）、東京大学社会科学研究所、39 ～ 69頁
・西村正雄（2008）「観光開発のはざまで――ラオス、カンボジアの観光政策とその国境地帯における影響」『早稲田大学大学院文学研究科紀要』第4分冊54、159 ～ 177頁
・ロン・オグレディ（1995）エクパット・ジャパン監修、京都YMCAアプト訳『アジアの子どもとセックスツーリスト』明石書店
・須藤廣（2005）「観光の近代と現代」須藤廣・遠藤英樹『観光社会学――ツーリズム研究の冒険的試み』明石書店
・須藤廣（2007）「現代の観光における『まなざし』の非対称性――タイの山岳民族「首長族（カヤン族）」の観光化を巡って」『都市政策研究所紀要』（1）、31 ～ 41頁
・東京新聞web（2007）〈http://www.tokyo-np.co.jp/hold/2007/china2007/news/CK2007080702053035.html〉2012年9月20日参照
・山中速人（1992）『イメージの〈楽園〉――観光ハワイの文化史』筑摩書房
・安福恵美子（1996）「観光と売買春――東南アジアを中心に」石森秀三編『観光の二〇世紀』ドメス出版

・安村克己（2001）「第2章　観光の歴史」岡本伸之編『観光学入門——ポスト・マス・ツーリズムの観光学』有斐閣

第6章　人権尊重のまちづくりのための教育・啓発事業――「人間尊重経営」の視点からの考察

手嶋 慎介

はじめに

　本章では、人権尊重とまちづくりに関して取り上げる。名古屋市人権尊重のまちづくり事業、とくに名東区における取り組みを例に考察したい。事例を詳述し、経営学分野における「人権尊重」や「人間尊重」「個人尊重」という視点から、人権尊重のまちづくりの取り組みについてアプローチするものである。すなわち、本章の副題とした「人間尊重経営」の視点からの考察である。

　「人権とまちづくり」をテーマとして考える場合、人権に関する諸問題を前提としながら「まちづくり」のあり方を問うことになろう。具体的には、まちづくり活動が誰によってどのようになされ、どのような成果を目指すものか等の検討を通じて問うこととしたい。

　本章は、まちづくり研究・論考に関するさまざまな先行研究を網羅するものではないが、本研究所叢書をみるだけでも、まちづくり研究は10年以上にわたるものであることがわかる[1]。そして、その時々、各地域によって様々な課題がみられ、それらに対応して研究テーマも多岐にわたっている。近年では復興のまちづくりが大きな課題であり、今後の防災・減災の観点からの研究や諸活動を通したまちづくりも盛んといえよう[2]。

　ここで、「まちづくり」の定義を確認しておくと、瀬沼・齊藤編著（2012）では、『住民主体で参加・参画し、くらしの場である居住環境（まち）をいろいろなひとや組織がかかわり合いながら、ハードとソフトの両面からつくっていくプロセス（process）であり、地域の将来につなぐ持続的な活動である』とされる。また、山崎（2000）によれば『住民生活における「土地の共同」利用とその上に成り立つ共同生活条件の整備を目的として、生活の必要性に基づいて地域問題を解決し、目指すべき地域像を達成していく取り組み』とされる。また、石原・西村編著（2010）

において「まちづくり」を語る視線はほとんど無限といってよいほど多様に存在しており、「まちづくり」を正確に定義することはきわめて難しいとされるが、あえてこの二つの定義から本章に関連していえるのは「ソフト面を中心に地域問題として人権問題をとりあげ、その解決や解消といった前向きな持続的活動にかかわるもの」といえよう。

そして、より端的に言えば、研究所叢書において「町」「街」「都市」「マチ」と並べ類型化が試みられているなかでいわれる「当該地域住民の生活改善を重点にした概念」[(3)]として見ることが、本章での定義として示せよう。

I 経営学における人権尊重・人間尊重の視点

後に述べるように、本章でとりあげる「まちづくり事業」は、市民の自主的・主体的な取り組みの促進を通じて「人間性豊かなまち・名古屋」を実現することにつながるものであり、「人権尊重」の視点から取り組まれるまちづくり事業の結果、「町」「街」「都市」「マチ」がつくられていくことが望まれるものである。「まちづくり」を語る視線はほとんど無限といわれるなかで、「人権尊重のまちづくり」事業への一視点として、経営学分野において「人権」にかかわる問題はどのように扱われてきたのか、経営学における人権尊重・人間尊重の視点から語りはじめる前に、以下に経営学の定義を示しておく。

> 『経営学は、営利・非営利のあらゆる「継続的事業体」における組織活動の企画・運営に関する科学的知識の体系である。営利・非営利のあらゆる継続的事業体の中には、私企業のみならず国・地方自治体、学校、病院、NPO、家庭などが含まれる。また、企画・運営に関する組織活動とは、新しい事業の企画、事業体の管理、その成果の確認と改善、既存事業の多角化、組織内における各職務の諸活動である。これらの諸活動を総体として経営と呼ぶ』（日本学術会議、2012）。

以降では、このような日本における経営学の定義を念頭に置きながら、「日本的経営」と経営学・経営実践における「人材観」に関して概観し、さらに人権研究に関する「三つのビュー」というまとめをもとに考察することからはじめたい。

1 「日本的経営」と経営学・経営実践における「人材観」

　経営学において私企業を主な分析対象とする場合、それを経営資源の集合体であるとすることは基本的な視点のひとつである。ここで経営資源とは、主に「ヒト、モノ、カネ、情報」の4つをいう。「モノ、カネ、情報」をやり取りするのがヒトであることから、ヒトは経営資源として最も重要で特別な意味をもっており、企業の競争力を築くうえでの基盤となるのである。したがって、「ヒトの自発的な力をどれだけ引き出すことができるか」によって、その企業の競争力に大きな違いが出てくることになる。この様な意味で、本節では「企業を主な分析対象とする経営学」における、あるいは企業経営実践における人権尊重・人間尊重の視点を示したい。

　まず、一企業内での人材の管理[4]の枠組みはどのように考えられ、その管理が実践されているのであろうか。一般的には、人材の採用にはじまり退職へと向かう道筋として考えることが多い。すなわち、「採用―活用―育成―動機づけ―評価―処遇―退職」というような人材フローとも呼ばれる一連のプロセスである。

　このようなプロセスにおける「ヒトは経営資源としてもっとも重要であり当然に尊重すべき」であるとする観点がある。これは日本において顕著であり、古くから「企業は人なり」「経営は人なり」と考えられてきた。いわゆる「日本的経営」[5]の人材観である。この日本的経営についてアベグレン（1958）は、日本とアメリカの経営の決定的な違いとして「終身雇用」[6]をあげ、日本の経営の特色（人柄重視の採用、年功昇進・年功賃金、人優先の組織づくり、集団的意思決定など）を終身雇用と密接な関係があると指摘している。この指摘後、「終身雇用」「年功賃金」「企業別組合」が日本的経営における三種の神器として周知されるようになったのである。突き詰めれば、経営の問題とは人の問題であるともいえる。企業の財産は人材（人財）であるのだから、経営者はすぐれた人材の育成に努めなければならない。このような企業観・経営観・人材観が日本企業に広く見られた特徴であり、三種の神器に現れているといえよう。

　したがって、このような人材観に立つ限り、企業に関わる人権課題は発生しにくいように考えられる。表6-1は、日本的経営に限ったものではないが、人材の管理の歴史において、人材観が変化してきたことを表している。経営学における「ヒト」に関する研究分野の主要な呼称の変化から、ヒトという経営資源の重要性の認識が高まっていく様子をみることができる。極論すれば、できる限りカットしたい

表6-1 人材観の変化

～1960年代	1960年代～1980年代	1980年代～
PM (personnel management) ＝人事・労務管理論	HRM (human resource management) ＝人的資源管理論	SHRM (strategic human resource management) ＝戦略的人的資源管理論
生産要素 (factor of production)	人的資源 (human resource)	戦略的資源 (strategic resource)
従業員は、できるかぎりコストを引き下げるべき生産要素としての労働力	従業員は、企業に新たな経済的付加価値をもたらす経済的資源としての人的資本（人的資産）	従業員は、企業の存続を左右する競争優位を達成する源泉となる戦略的資源としての人的資本（人的資産）

（出所）岩出（2002）をもとに加筆修正。

「単なるコスト」から資産としての「競争優位の源泉」へと変化しているのである。その背後には経営環境の変化があるわけだが、典型的な一例は「グローバル化」である。グローバル化へ向けた企業の動向に即した人材の管理への要請の高まりと戦略的人的資源管理論（SHRM）と呼ばれる新たなパラダイムの生成・実践的展開とは軌を一にしているといえよう。経営の要としての人材の管理は「ヒトという経営資源の有効活用を通じ、競争力を高める」という経営戦略としての側面もあるわけである。やはり、このような歴史を振り返る限り、経営は人権への配慮を高めながら発展してきたということができる。

しかしながら、近年の急激な経営環境の変化への適応の結果、ヒトを単なる「生産要素」として取り扱うような人材観に回帰してしまっている場合が見受けられる。競争優位のための経営戦略と、人権を尊重した管理が不適合をおこしているといえる。このような変化への適応過剰のために人材の管理のプロセスで、人権課題も浮上してきていることは事実であろう。いわゆる「ブラック企業」として指摘されるような諸問題も含まれよう。

2　人間尊重の理念と経営学における人権研究の「三つのビュー」

このような人材観を含む経営の変化に対してアベグレンは「欧米型モデルなるものを想定してそれに近づこうとする動きではない。日本的経営を特徴づけ、日本的経営の強さを支える源泉になってきた基本的な価値観と慣行を維持しながら、状況の変化に対応する動きである」という。日本的経営は、日本の文化的特殊性に基づく不可思議なものではなく、第2次世界大戦後の日本において十分な経済合理性を

もったものであったといわれている。

　ここでいう「基本的な価値観と慣行」の根本には、日本企業の多くに共通してみられる「人間尊重の理念」があるということができる。個人の可能性を最大限に育て、組織への貢献に対して公正に報いようとする理念であり、CSR（企業の社会的責任）経営にも通じるものであろう。今後は「基本的な価値観と慣行」を維持し続けることができるのかどうか、あるいは、新たな「人間尊重経営」モデルをつくりあげることが人権課題への対応策となろう。

　以上まで「日本的経営」というように一括りにして進めてきているが、そもそも経営のすべての面を検討していけば、企業によって諸々の違いがあることは当然である。しかしながら「人間尊重」に関しては、欧米の企業においても優良とされる企業の多くが「人間尊重」企業といわれる。ただし、ある国では個人主義的、またある国では集団主義的である、などというように「人間尊重」と一口にいっても文化圏によって、意味内容も異なってくる。この点は、性別、人種、年齢、宗教、国籍などを考慮する「ダイバーシティ・マネジメント（多様性管理）」が必要とされるところであろう。経営理念として「人間尊重」「人財」を掲げると同時に、それを実際に「いかにして実践するか」に焦点を当てなければならない。

　翻って、現在の経営学分野においては、「人権尊重」という考え方からどのような研究がなされているだろうか。ダイバーシティ・マネジメントのほかにも、新聞・ビジネス雑誌には「ワークライフバランス」「65歳定年」「ブラック企業」といった企業で働く人の権利に関連する新しいトピックが溢れている。

　間嶋（2012）によれば、「人権」がいかに論じられてきたのかは、規範ビュー（Normative View）、実証ビュー（Positivism View）、批判ビュー（Critical View）という大きく三つのビューにまとめられる。ここでは三つのビューについて、それほど多くの研究がある訳ではないとしながら、これまでの議論では、人権に対し「配慮すべきだ（規範ビュー）」、人権への配慮は「組織にとって有効だ（実証ビュー）」、人権に反する闇をみつけ「これは問題だ（批判ビュー）」とそれぞれ指摘するものの、では、人権への配慮を組織の中で実際「いかに行うのか」についてはあまり問われていないとされる。そして、経営学にあっては人権を尊重し、配慮した組織のあり方を今以上に積極的に議論するべきであるが、とりわけ、そうした人権に配慮した組織への変革ないし人権の実践（いかに行うのか）の議論をしていくべきであるという。

「いかに行うのか」という「人間尊重の経営」の例として、中小企業家同友会全国協議会『同友会運動の発展のために』[7]においては、「自主・民主・連帯の精神」を考え方の基本とし、三つの側面から考えることができるとされている。やや長くなるが、それらを引用すると以下のとおりである。

『かけがえのない人生の全面開花を保障する——個人の尊厳（自主）』
　　人間は一人ひとりが皆違います。同時に、誰もが無限の可能性を持ち、その可能性への挑戦を自主的、主体的に継続できる環境の保障が大切です。社員が働くことを通じて自分の成長を見出し、働きがい、生きがいを実感できる企業こそ社員の自主性が発揮され、個人の尊厳（自主）が尊重される企業といえましょう。

『生きること、平等な人間観が民主主義の根幹——生命の尊厳（民主）』
　　人間が生きていくためには、最低限の生活保障が必要です。企業で働くことは、本人及び家族の生活を維持、安定させることが大前提です。企業としては、雇用を守り、賃金を保障する、安心・安全な労働環境を整備することが法的にも義務付けられています。「人間一人ひとりの生命に軽重はない」といわれますが、これは人類が長い年月をかけて確立した生命の尊厳を守るという人間尊重の価値観であり、そこから平等な人間観が育まれ、民主主義の原点を形成してきたといえるでしょう。

『あてにし、あてにされる関係を生み出す——人間の社会性（連帯）』
　　人間は孤立して生きることはできません。人間がより人間らしく生きていくためには、相互に信頼し、「あてにし、あてにされる関係」を尊重することが大切です。このことで、お互いに手を携えあって社会を築いていくという、人間の社会性が高まり、ほんものの連帯をあらゆる組織の中でつくっていくことができます。企業では、労使間はもとより、職場の仲間と信頼しあい、共に育ちあう関係が育まれることによって、お客様や地域社会からの信頼を高めることができます。

　以上の「自主・民主・連帯」というような人権尊重の経営の理念は、めざすべき理想として反論の余地はない。しかしながら、すべての企業によって、いかなる経営環境においても理念が貫かれるということが困難であることも事実である。例え

図6-1 「べき、良い、ダメ」から「いかに行うか」へ

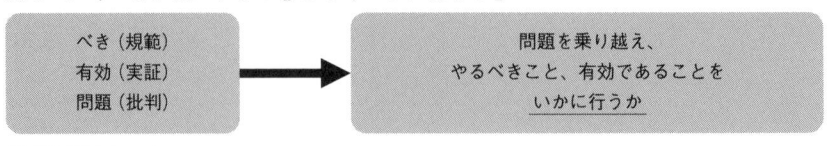

| べき（規範）　　　　　　　　　　　　問題を乗り越え、 |
| 有効（実証）　　　　→　　　やるべきこと、有効であることを |
| 問題（批判）　　　　　　　　　　　　　　いかに行うか |

（出所）間嶋（2012）。

ば企業の存続が危ぶまれる中で、必ずしも雇用が守られ続けるという保証はないことは自明の理であろう。人権を尊重したうえでのリストラが行われるのであり、雇用が守られないような状況においては、従業員個々の責任でその自らの人権を守るための対応が迫られる。そのため、経営においては従業員の人権を守るため「いかに行うのか」が問われるわけであるが、同時に、近年、このような流れを受けてエンプロイヤビリティ（employability）という概念が広がっている。経営学分野においては、バートレットとゴシャール（1997）によれば「雇用されうる能力」を意味するのがエンプロイヤビリティである。狭義には「労働移動を可能にする能力」、広義には「当該企業のなかで発揮され、継続的に雇用されることを可能にする能力」と定義づけられる。「人財」とはいうものの、何の努力もせず、すべてのヒトが常に「人財」であり続けることはない。終身雇用を好まない、あるいはできない企業でも、少なくとも従業員の被雇用能力を高める仕組みをつくる。それによって従業員は自らの能力を高め企業への貢献度を高めることができる。このような企業と人材との関係を築くことによって初めて人材育成は「コスト」ではなく「戦略的な投資」となる。ただ長期の雇用を保障するだけではなく、「その人がその人らしく生きていける」ような仕組みを作ることまで考えていくことができるかどうか。単に、人材の管理のプロセスにしたがって、退職まで雇用を守りさえすれば良いのではなく、人材の「人権」を広く考え、個の真の幸せを前提とした経営が求められる。ひとつの協働体系として「人間尊重の理念」にもとづき、経営者と従業員との「絆づくり」とでも言うべき相互作用のなかから、あるべき姿を描き、有効であることを考え、いかに行っていくかということである。

II 協働体系づくりを通した人権尊重のまちづくり
——名古屋市名東区における取り組み

　企業組織は、従業員にとっては契約にもとづいた働く場であると同時に「共同体」としての意味も有してきたといわれる。しかし近年、そのような存在の揺らぎが、グローバル社会の中で明らかになってきた。もちろん、それ以前にも、良し悪しはともかく成果が問われることになる「経営」の実践の場において、心の安らぎの場として機能する「共同体」が必ずしも存在していたとはいえない。

　しかしながら、こうした事態を受けて、「コミュニティ（一定の地域に居住し、共属感情を持つ人々の集団）」の存在に焦点が当たり、地域の再評価、ソフトな意味での「まちづくり」の重要性がより一層高まってきていることは事実である。多くのNPOが設立され、ソーシャルビジネスとしての事業活動が増加している。もちろん、それらによってすべてが解決するということはできないが、本節で取り上げる「新なごや人権施策推進プラン」においても「まちづくり」は「人権尊重のまちづくり」として一つの柱とされている。

　以下では、人権尊重のための「まちづくり」という観点、とくに「まちづくり」課題と「人権」課題の共通項は「いかに行うか」という「実践」にあるといえる経営学的な視点から人権施策推進プランを概観したうえで、まちづくり事業の実際例の一部を検討し、さらに名東区における取り組み事例に焦点を置き、考察をする。

1　新なごや人権施策推進プラン

　「新なごや人権施策推進プラン」は、名古屋市基本構想のもと策定された市総合計画を人権の視点から補完するもので、市政運営の基本理念である「人間性豊かなまち・名古屋」の実現に向けて人権施策を総合的・計画的に推進していくための指針となるものである。

　現在、こうした施策推進は他の地域でも行われているが、名古屋市の場合の本プランは、2010（平成22）年度から2019（平成31）年度が計画期間とされており、これに先立ち2001（平成13）年に「なごや人権施策推進プラン」があり、さらに遡れば、1977（昭和52）年に「名古屋市基本構想」が策定され、まちづくりの基本理念として「わたしたちは、人間としての真の幸せを願い、憲法の精神にもとづき、ひとりひとりの基本的人権がまもられ、健康で文化的な生活のいとなめる個性豊か

なまち、名古屋の建設をめざす」とした上で、「人間性の尊重」が掲げられている。

現在の推進プランでは、市民一人ひとりの人権が尊重され、差別や偏見がない人権感覚にすぐれた「人間性豊かなまち・名古屋」の実現をめざすことを「基本理念」に、これを実現するためのまちづくりの方向性が、以下のような3つの「基本的な視点」として掲げられている。

・一人ひとりが大切にされるまちづくり
・互いの個性を認めあい支えあうまちづくり
・市民の参画と協働によるまちづくり

そして、このような「基本的な視点」をふまえた人権施策を推進するにあたっての「市の基本姿勢」が以下のように定められている。

・人を大切にする施策の推進
・市民が主体となる施策の推進
・総合的な施策の推進

人権施策の推進について、分野別施策としては、法務省・文部科学省編（2012）とほぼ同じく、「女性」「子ども」「高齢者」「障害者」「同和問題」「外国人」と列挙され、さらに「その他の人権分野」として、心の健康づくりと自殺対策、ホームレスの人、HIV感染者・ハンセン病患者等、インターネット上の人権侵害、プライバシーの保護と公正な採用選考、犯罪被害者等、さまざまな人権分野の課題があげられている[8]。

本章でとりあげる「人権尊重のまちづくり」は、「人権に関する教育・啓発」「人権に関する相談・支援」とならぶ共通施策の一区分である。

このような施策があるなかで、「人権尊重のまちづくり」事業のイメージは図6-2、その平成23年度事業を例としてまとめてみると、表6-2のとおりである。表6-2は名古屋市の各区ごとに公表されている事業名・事業内容を、主な形態・分野としてまとめたものである。啓発・学習事業としての色彩が強く、形態としては、大きく「講演会」と「講座型」に分けることができる。多くが講演会に分類できるものとなっており、ミニコンサートとセットで実施されているものや講演内容が朗読となっているもの、演劇鑑賞会といったものもある。

具体的な内容としては、共通施策ではあるものの、明確に「障害者の人権問題」「子どもの人権」「外国人留学生」というように対象を絞ったものと、広く人権問題全般を念頭に置いたものに大別できそうである。以下では、名古屋市名東区におけ

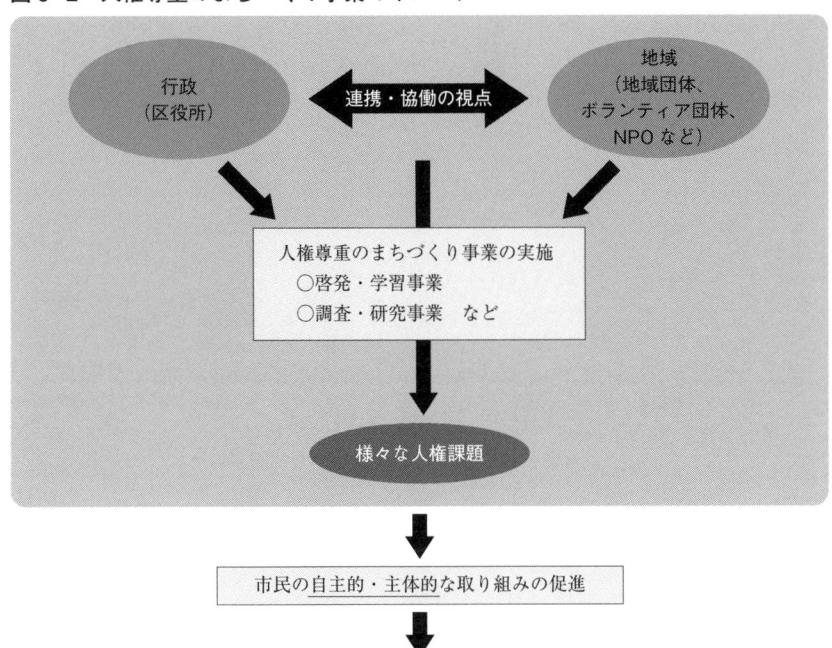

図6-2 人権尊重のまちづくり事業のイメージ

```
    行政              連携・協働の視点           地域
   (区役所)          ←――――――――→         (地域団体、
                                              ボランティア団体、
                                              NPO など)

              ↓                    ↓
         ┌──────────────────────────┐
         │ 人権尊重のまちづくり事業の実施    │
         │  ○啓発・学習事業              │
         │  ○調査・研究事業  など        │
         └──────────────────────────┘
                       ↓
                 様々な人権課題
                       ↓
         ┌──────────────────────────┐
         │ 市民の自主的・主体的な取り組みの促進 │
         └──────────────────────────┘
                       ↓
  ┌────────────────────────────────────────┐
  │ 目標(「新なごや人権施策推進プラン」の基本理念)      │
  │ 市民一人ひとりの人権が尊重され、差別や偏見がない人権感覚にすぐれた │
  │           「人間性豊かなまち・名古屋」の実現       │
  └────────────────────────────────────────┘
```

(出所) 市民経済局人権施策推進室「人権尊重のまちづくり事業の概要について」。

る取り組みに注目し、詳細をみていきたい。名東区における取り組みは、バラエティに富んだ「イベント型」とでもいうべき内容となっており特色のあるものとなっている。

　繰り返しとなるが、本章での視点は、上記のような施策を「いかに行うか」というような「実践」に焦点を置くものである。以下、すでに実践された成果事例として検討していきたい。

2　名古屋市名東区における取り組み事例

　本事例を検討する前提として、名古屋市の人権についてのアンケート結果(「平成21年度人権についての市民意識調査報告書」「市政アンケート　平成24年度調査結果

表6-2　平成23年度「人権尊重のまちづくり事業」の概要について

区名	事業名	事業内容	主な形態	主な分野
千種区	知的障害児・者の地域生活支援を考えるつどい	障害のある人もない人も自分らしく生きることができる地域づくりをめざして、障害者の自立と社会参加に大きく寄与する法律「障害者虐待防止法」を考えることにより、地域社会における人権尊重の理念を普及する。	集会	障害者
東区	東ほっとネット交流会	誰もが住みよいまちとなるよう、障害者の人権問題について講演を行い、参加者全員が社会の一員としてともに尊重し合うことを学び、地域で支えあうことができる「当たり前の地域社会」を目指す。	講演会	障害者
北区	夢中人3（むちゅうじんさんじょう）	創作表現集団「夢中人3」による歌や童話の朗読を通じ、人権への理解を深めようとするもの。	講演会（朗読）	全般
西区①	西区地域子ども育成連絡協議会理事研修会	子ども会理事を対象に同和問題に対する正しい理解を得て、今後の子どもの健全育成指導に役立ててもらう。	研修会	同和問題
②	ほっとはあと講演会～大切にしていますか、こどもの笑顔～	子どもの人権が守られ、健やかに成長するための地域の役割や関係機関などとの連携・協力による環境づくり・まちづくりを推進する意識の向上を図る。	講演会	子ども
中村区	演劇鑑賞会「カムイが来た！」	子どもの人権（いじめ）に関する演劇を開催し、鑑賞を通して子ども自身に自らの人権を考えてもらうとともに、親子で子どもの人権について話し合うきっかけを提供する。	演劇鑑賞会	子ども
中区	講演会「避難所における事例から日常の人権問題を考える」	市民の人権に対する自主的・主体的な取り組みを促進するため、区が地域と関わりながら地域における様々な人権問題に応じて、地域に加えてボランティア団体などの市民活動団体の参加を得るなど、様々な市民参加手法を取り入れ、市民と行政のパートナーシップによる人権尊重のまちづくりを進める目的で事業を行う。	講演会	その他の人権分野
昭和区	外国人留学生とのふれあいと交流のまちづくり	留学生と地域の住民が、日本の伝統である和菓子作りを通じて、様々な国の文化の違いについて相互に理解を深めるとともに、グループでの作業や交流会を行うことにより、ふれあいの機会を設ける。	講座型	外国人
瑞穂区	生活応援ボランティア講座	ボランティア活動に関する講座を通して、障害者や高齢者の方との違いや価値観について理解し、また、実際に体験し実感することにより、ともに尊重し、支え合いながら生活していけるまちづくりを目指すとともに、新たな人材の発掘を目的とする。	講座型	障害者高齢者
熱田区	講演会＆ミニコンサート	障害の有無に関わらず、人格と個性を尊重する「共生社会」の実現と「社会のバリアフリー」の推進を広報するため「障害者の人権」をテーマとした講演会を開催し、併せてミニコンサートを実施する。	講演会コンサート	障害者

表6-2 つづき

区名	事業名	事業内容	主な形態	主な分野
中川区	こどもの人権を考える「聴こえますか、心の叫びが」	子どもの人権に携わってきた専門家を招き、子どもの虐待と今後の課題について講演会を開催する。	講演会	子ども
港区	講演会「難病の息子とシングルファザーの頃、そして今」	難病の子息を離婚後に引き取り育て、その難病障害を親子で乗り越えてきた経験を持つ講師を招き、人権をテーマに講演会を実施することにより、成人世代の人権に対する意識啓発を図る。	講演会	障害者
南区	広めよう 心のバリアフリー〜1人1人が大切にされるまちづくりを目指して〜	視覚・知的障害のある音楽家とその家族を招き、障害者の人権についての講演会とコンサートを開催する。	講演会コンサート	障害者
守山区	ハートフル講演会「オール1先生からのメッセージ〜人は、夢・目標があれば変われるんだ!〜」	数々の絶望を経験する中で、信頼できる人たちとの出会いのお蔭で夢を実現させた講師の講演を通じ、「生きがいと心の豊かさを感じるまち」の実現に寄与する。	講演会	全般
緑区	世界の子ども交流講座 〜さあ、世界の"子ども遊び"の旅に出よう!〜	学区人口に対する外国人人口が10%を超える南陵学区の外国人小学生と名古屋市在住の日本人小学生が世界の遊びを通じて交流を図る。	講座型	外国人
名東区	つながるひろがる The Big Family MEITO	さまざまな人間関係(絆)が薄れることで弱まった地域社会の連帯感を強化するため、地域や家族の絆を再確認することにより、お互いを尊重しながら人と人とのつながりを大切にし、それをひろげる意識を高める催しを行う。	イベント型	全般
天白区	講演会「自然とふれあい、人と出会い、遊んで子どもは育つ」	子どもの遊ぶ権利について、国連にて一般的意見の作成が進められている。すべての子どもが健やかに育つ上で非常に重要であるので、現場から考え、学ぶきっかけとする。	講演会	子ども

(出所) 市民経済局人権施策推進室「人権尊重のまちづくり事業の概要について」および名古屋市公式ウェブサイト各区役所ページをもとに作成。

概要 第4回(1) 人権について」以降それぞれ「H21」「H24」と省略し、あわせて「名古屋市アンケート」とする)をあわせて確認していきたい。なお、それぞれは別個の調査であるものの[9]、質問項目の多くは同一である。その内容としては、「あなたは、今の日本は基本的人権が尊重されている社会だと思いますか。」[10]という項目からはじまり、人権施策の推進を図るための複数の質問項目がある。

割合としては全体の30%に満たないものの、「あなたは、この10年ほどの間に自分の人権が侵害されたと思うことがありましたか。」に「ある」と回答した人は「職場における不当な待遇」「あらぬ噂、他人からの悪口、かげ口」の二項目への回

答の割合が高く、それらの相談先としては「家族・親戚」が最も高い割合であるという実態がある。このような実態に対して、単純ではあるが仮説的な解決の道の一つを見出すとすれば、「家族・親戚」に相当する人間関係づくりができれば、根本的な解決策ではないにしろ、人権問題に対する強力な対処策となる。名東区における取り組みについて、表6-2にある通り、事業名は「つながるひろがる The Big Family MEITO」[11]であり、人権課題としては、「人権意識の向上による地域社会の連帯感の強化」がテーマとされている。「The Big Family MEITO」には、「名東区が、大きな家族である。」という副題が付けられ、名東区自体が大きな家族であるというメッセージ性を出すという思いが込められている。互いのつながりを意識しあうことが、ゆるやかな人権の尊重や思いやりやいたわりの心を促すという考えであり、名古屋市アンケートの回答に沿うものとなっていよう。

また、名東区の事例に限らないが、「H24」において「基本的な人権にかかわる様々な問題がありますが、あなたは、どのような人権問題に関心がありますか。」に対して、「女性」「子ども」「高齢者」「障害者」が上位を占めており、各取り組みが、こうしたニーズにあったものであることがわかる。

名東区の事業の柱としては、「めいとうコドモ愛（アロハ）アーツ」と「めいとうオトナ家族（オハナ）カイギ」という「コドモ」と「オトナ」をメインターゲットとした二つのコンセプトによって構成されている。事業に「愛（アロハ）」「家族（オハナ）」とハワイ語を使用することより、ハワイ風（あたたかさ、花）の演出が配慮されている。それらの概要を示せば以下のとおりである。

前者は、小学生を対象としたワークショップであり、川の絵画看板の制作を通して、地域が様々な人の取り組みのつながりで成り立っていることを学ぶというものである。また、地域へのひろがりとして関係者・地域の方が参加する竣工式も開催されている。ここで、特に注目したいのが後者である。名東区にかかわりの深い身近な講師による連続ミニ講座と、講師と受講者との座談会が実施され、まちを構成する様々な立場の人が交流し、つながることで地域社会の連帯感の強化が図られたものである。

筆者も、この取り組みに間接的ではあるが関わることになったことが、本事例として取り上げるきっかけの一つである。実は、この「関わることになった」という事実が本事業の特色を表している。本取り組みの実施主体（事業としては名古屋市名東区からの委託先）で、図6-2でいう地域（地域団体、ボランティア団体、NPOな

ど）にあたるのが「めいとうまちづくりフォーラム実行委員会（以下、『委員会』と略す）」である。まず第一の特色として言えることは、講師[12]の多様性である。多様な活動でまちが彩られていることがイメージされるような、実に多様な人々が地域で自由に活動する様子を紹介しながら、それぞれの得意分野をお披露目することを通して講座が展開されている。そして、第二の特色は、当日の司会進行などの運営としても「委員会」が主体となってはいるものの、多数のミニ講座を実施するにあたって、主体となる「講師」を有償ではなくボランティアで招聘すること自体を通して、より多くの住民を巻き込みながらイベント化することに成功している点である。その結果、講師の登場時間は10分にも満たないことにより、当日の終了後アンケートに「一つのミニ講座の時間が少なかった」という一参加者からの回答が寄せられたものの、より多くの人が「講師」という主体となって参加することになった。

　さらに、運営主体という点で、「委員会」の実働部隊は、一企画に対して主担当者＋αという少数精鋭のものであり、その運営上、大学生をボランティアとして募るなどの組織化も、結果的に幅広い人々を集わせる成果につながっている。実は、この大学生たちは筆者のゼミ生でもあるのだが、この取り組みをきっかけにして、名東区役所とつながりながら別のプロジェクトを実施することとなった。このプロジェクトの内容については別稿に譲るが、本取り組みとの連動企画としては、学生たちは「オトナ」から「若者（大学生）」へのメッセージ（回答）を募る質問調査表を作成し、ワークショップの一企画として実施された。なお、ワークショップテーマは「1　カゾクニナロウ」、「2　イドバタカイギ」であり、後者の中での企画としてのものである。

　このような派生的な展開を招くようなまちづくりイベントでありながら、人権意識向上の基盤となる地域や家族の絆を再確認させる場の提供に成功している。以上を図6-2に照合し考察することで、本節のまとめとしたい。

　第一に、「行政」と「地域」の連携・協働の視点である。上述したように、基本的には区役所からの委託事業として推進されてきたものであるが、地域、ここでは、講座出演講師・団体としての事業参画者を中心としたさまざまな存在を行政と結び付けまちづくり事業の実施を行った「委員会」がリーダーとして連携・協働を仕掛け、成立させた。これによって、特色ある事業の実施が可能となった。様々な人権課題に対しては、「絆づくり」というまちづくり活動を通して総合的にアプ

ローチしようとするものであり、その結果、「市民の自主的・主体的な取り組み」を促した。その例として、いくつかは上述したとおりである。こうした取り組み自体について終了後アンケートの自由記述欄を見ると、「区民ではないですが、自分の町にもこんな風にいろんな人が集まって楽しく話せる場があるといいと思いました。」という好意的なものに加え、「このような時間を過ごせて、よかったですが、知人に聞くまで私の目に（オトナ家族会議が）入らなかったのが残念でした。」「こういうよい企画はもっと宣伝してほしい。」というような、広報上のより一層の取り組みの充実を望む声も見られた。ただし、大々的な広報活動を行うことがより多くの人を集める可能性を高めるものの、口コミという人づてを中心にした広報活動[13]を組み込んでいくこと自体によって、一日限りのイベント的なもので終わらせず、当日までの準備段階も日常の「絆づくり」につながっていくようにも思われる。なお、「名古屋市アンケート」における「あなたは、現在、名古屋市が行っている次のような人権に関する啓発活動をご存知ですか。」という質問項目に対して、半数近くが「知らない」と回答している。そして「人権尊重のまちづくりのための教育・啓発事業（各区役所）」については、7％程度という低い認知度となっており、全体の事業自体の広報をすすめることが必要に思われる。

　第二に、様々な人権課題へのアプローチを通した「市民の自主的・主体的な取り組みの促進」である。「名古屋市アンケート」において、主体性という点では「あなたは、市民相互の間で人権が尊重されるために、特に市民一人ひとりが心がけたり、大切にすべきことは何だと思いますか。」という項目があるが、その回答は「他人に対する思いやりや、やさしさを育むこと」が70％超と、「人権に関する正しい知識を身につけること」（60％程度）という基本的姿勢とも思われる項目を上回っている。名東区の事例のような一見するとソフトであり間接的なアプローチと思われる施策の有効性が示唆される。名東区における取り組みを多様な主体による協働として表わすと、図6-3のようになるであろう。

　まちづくりという観点で、こうした取り組みに対し、「志縁」という見方も示されている（叢書No.14）。「地縁」「血縁」ではなく、あくまでも「志」をもとにした「縁」である。都会的なまちともいえる名東区において、子どもや高齢者に対して「つながり」を広げることは大変重要なことである。同時に、積極的に「つながり」を求めない人、たとえば「会社人」とも揶揄されてきた企業で働く時間に生きがいを見出すようなライフスタイルを好む人々や、近隣との必要以上の接触を望まない

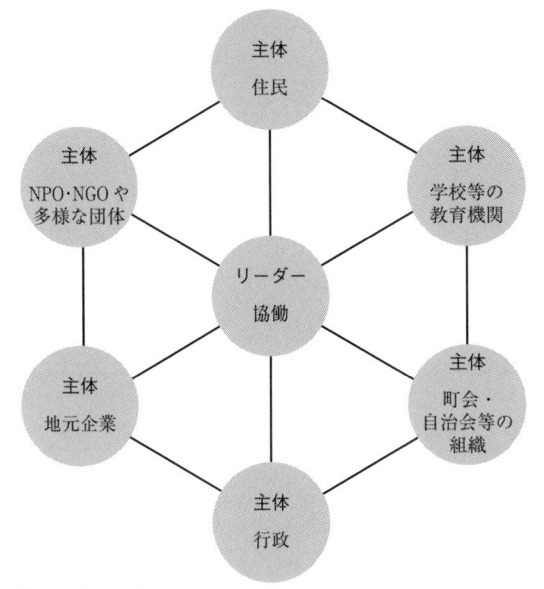

図6-3 地域内の多様な主体による協働

```
        主体
        住民
   主体         主体
NPO・NGOや     学校等の
多様な団体      教育機関
      リーダー
       協働
   主体         主体
  地元企業    町会・
              自治会等の
               組織
         主体
         行政
```

(出所) 瀬沼・齊藤編著 (2012) 106頁。

都会的なマンションライフを好むような人々に対し、「つながり」を強要することは人権侵害につながりかねない。しかしながら、自らだけではなく他者に対する人権を考えるとき、「つながり」をつくろうとする取り組みには賛同すべきであろう。そして、そのような取り組みは「主体的」な行動として実施されることが望まれよう。

おわりに

人権尊重の「まちづくり」とは、人権尊重の「ひとづくり」にほかならない。「人権尊重の経営」が、人権尊重のひとづくりを通した社会に貢献することを目的[14]に行われる企業活動であるように、ひとづくりの結果、まちがつくられる。

人権意識の高い「ひと」が「まち」をつくるのであり、「ひと」と「ひと」の絆づくりこそがソフトの意味での「まち」そのものである。本章における独自の視点・アプローチとした経営学における「人の尊重」も、まさに「企業は人なり」と

いうような理念である。いかにして人を、そして人の活動を活性化し、組織の目的にかなう形で有意義に活かすことが出来るのかを考え、そして同時に人の幸福も追求することが経営学の目指すものであり、あるべき「経営」の姿である。経済効率性の行き過ぎた追求、その結果として人の幸福をないがしろにすることは、経営の、経営学の本来的なかたちではない。近年、このような経営の視点は、まちづくり活動にも導入が進んできており[15]、あえて「人権尊重の」と付することなく、人権を尊重した「まちづくり」が実践されていくことを期待したい。「ひとづくり」という点では、「市民の自主的・主体的な取り組みの促進」とあったように、市民の協働における自主性・主体性を重視することは、今後も継続的かつ大きな課題であろう[16]。

「名古屋市アンケート」では、「あなたは、人権教育・啓発について、行政として今後どのようなことに特に力を入れるとよいと思いますか。」という項目に対し、「学校教育における人権学習の取り組みなど（学校教育）」が60％以上となっている。地域に貢献する市民を育てるべき本学においても、学生の「自主的・主体的な取り組みの促進」は、新しい「地域と連携した大学像」、「コミュニティの中核たる大学像」を考えるうえで重要なキーワードとなろう。地域とのかかわりを重視した体験を核とした教育や、人権意識を高めるような教育上の工夫においても、理論的・実践的に大きな課題とされるところである。筆者の今後の課題としたい。

【注】
(1) 例えば、本叢書のバックナンバーから「まちづくり」をタイトルとしているものをあげると以下のとおりである。

　　『地場産業とまちづくりを考える』（叢書 No.1、2003年）
　　『有松・鳴海絞りと有松のまちづくり』（叢書 No.3、2005年）
　　『地方都市のまちづくり——キーマンたちの奮闘』（叢書 No.9、2008年）
　　『住民参加のまちづくり』（叢書 No.14、2010年）

　さらに、「まちづくり」をタイトルとはしていないものの、叢書 No.1 以前である研究所設立時の書籍を皮切りに、関連するものとしては以下のとおりである。

　　『地域ビジネス学を創る——地域の未来はまちおこしから』（2003年）
　　『むらおこし・まちおこしを考える』（叢書 No.4、2005年）
　　『地域づくりの実例から学ぶ』（叢書 No.5、2006年）
　　『碧南市大浜地区の歴史とくらし——「歩いて暮らせるまち」をめざして』（叢書

No.6、2007年）

　　　『700人の村の挑戦——長野県売木のむらおこし』（叢書No.7、2007年）
(2) 東日本大震災に関しては『東日本大震災と被災者支援活動』（叢書No.19、2013年）があり、今後も研究活動・実践活動が実施され、叢書としての発刊も予定されている。そして、過去を振り返れば、先に述べた研究所設立時の書籍においても、阪神・淡路大震災とまちづくりについて言及されている（森靖雄著「まちづくり・地域おこしの動向と提案」『地域づくりの実例から学ぶ』叢書No.5、2006年）。
(3) 叢書No.1、32頁。それぞれの定義は以下のとおりである。
　　　町づくり＝市町村など行政区の色彩が強い概念
　　　街づくり＝道路・建物など市街地の外観整備に重点をおいた概念
　　　都市づくり＝都市計画的な意味合いが強い概念
　　　マチづくり＝基本的に欧米風の市街地を模倣する手法・概念
(4) 経営学分野において、一般的に「人的資源管理」や「人材マネジメント」と言われる。材料としての人という意味での「人材」や、人を「資源」と表現することなどに対して批判的な見解も見られるが、そのような議論自体には、ここでは深入りしない。
(5) 本章では「日本的経営」を理念的で特別な経営パラダイムとして表示している。通常は「日本の経営」「日本型の経営」と表記した。
(6) 厳密には、アベグレンは「終身雇用」ではなく「終身の関係（lifetime commitment）」としていた。
(7) 中小企業家同友会全国協議会による出版物（http://www.doyu.jp/org/public/）。
(8) なお、法務省・文部科学省編（2012）の「第2節　人権課題に対する取組」では、以下のような順序で整理されている。「1　女性」「2　子ども」「3　高齢者」「4　障害のある人」「5　同和問題」「6　アイヌの人々」「7　外国人」「8　エイズウィルス（HIV）感染者・ハンセン病患者等」「9　刑を終えて出所した人」「10　犯罪被害者等」「11　インターネットによる人権侵害」「12　北朝鮮当局によって拉致された被害者等」「13　その他の人権課題」

　　　また、本章中のことばの表記（例えば「障害者」）については各資料にしたがっている。
(9) 「H24」については、同様のアンケートが2006（平成18）年度に行われている（「平成18年度 調査結果概要　第6回（1）人権について」名古屋市公式Webページ内　市政情報、広報・広聴・市政アンケート、調査期間：2007（平成19）年1月9日から1月23日 http://www.city.nagoya.jp/）。
(10) 「　」内のアンケート質問文・回答文は2012（平成24）年度のものであり、とくに断らない限りはおおよそ同等の質問文に対し同等の回答であったものを引用している。
(11) 参加者数は417名（めいとうコドモ愛アーツ357名、めいとうオトナ家族カイギ60名）であり、実施日時・会場などの詳細について、当日の報告書・広報記事等をまとめると以下のとおりである。

①めいとうコドモ愛アーツ
・ワークショップ：2011（平成23）年9月12日（月）・13日（火）名東小学校
・竣工式：2011（平成23）年11月5日（土）植田川周辺
　植田川の魅力をもっと地域の皆さんに伝えたい！名東小学校4年生が作った絵画看板「植田川かわらばん」の竣工式です。
　「グループあすなろ」による太鼓や渡辺一義さんによるハーモニカの演奏もあるよ。
　竣工式終了後は、ネイチャーゲームやクリーン活動で川と親しもう！
　〔場所〕一社公園南広場（名東小学校東側）
②めいとうオトナ家族カイギ：2011（平成23）年12月13日（火）区役所講堂
　あなたのご近所さんが講師になる⁉　名東区のいろんなジャンルで活躍している方々を招いた"連続ミニ講座"と、ここでしか会えない"おしゃべり座談会"。
　家族みたいにつながりあえる、あったかい時間を過ごそう。

(12) 当日の講座出演講師・団体・個人名（敬称略）を出演順に示せば以下のとおりである。
　1. レイフラスタジオ
　2. 貴船防犯青パト隊
　3. 名東自然倶楽部
　4. 名東ウインドオーケストラ"オハナ"
　5. 心理学のさいころ
　6. 特定非営利活動法人む〜ぶ・かみさと
　7. NO BORDER & THE BIG FAMILY 世界の旅スライドショー＆大橋さんトーク
　　世界の写真　＊The Big Family
　　大橋弘宜（めいとうまちづくりフォーラム実行委員会）
　8. 名東ホームニュース
　9. 小柳津久美子（愛知東邦大学）
　10. 猪子石創造文化会館うりんこ劇場

(13) 具体的には、広報なごや等や配布用に作成されたA4チラシ（1,000部程度）を通して広報された。
(14) 近年、競争戦略論で著名なマイケル・ポーターですら企業の目的を「利潤の追求」ではなく、「社会への貢献」であるとする見解を出している。これらの点については紺野・目的工学研究所（2013）を参照されたい。
(15) もちろん、先の経営学定義の範疇ということにはなるが、例えば、木下・広瀬（2013）や、木下（2009）を参照されたい。
(16) なお、その後の「委員会」の自主的・主体的な活動として、人権推進事業としての実績は見られないものの、ワークショップなどのまちづくり活動は継続されている。

【参考文献】

- Abegglen, J. C., *21st Century Japanese Management: New Systems, Lasting Values*, Palgrave Macmillan, 2006（山岡洋一訳『新・日本の経営』日本経済新聞社、2004 年）
- Abegglen, J. C., *The Japanese Factory: Aspects of its Social Organization.* The Free Press, 1958.（山岡洋一訳『日本の経営〈新訳版〉』）日本経済新聞社、2004 年）
- 愛知東邦大学地域創造研究所編（2010）『住民参加のまちづくり』地域創造研究叢書 No.14、唯学書房
- Bartlett, C. A. and Ghoshal S., *The Individualized Corporation: A Fundamentally New Aproach to Management.* HarperCollins Publishers, 1997（グロービス経営大学院訳『〈新装版〉個を活かす企業──自己変革を続ける組織の条件』ダイヤモンド社、2007 年）
- Chester I. Barnard, The Functions of the Executive. Cambridge, Mass.: Harvard University Press, 1938（山本安次郎・田杉競・飯野春樹訳『新訳　経営者の役割』ダイヤモンド社、1968 年）
- 法務省・文部科学省編（2012）『平成 24 年版人権教育・啓発白書』〈http://www.moj.go.jp/content/000076106.pdf〉
- 石原武政・西村幸夫編著（2010）『まちづくりを学ぶ──地域再生の見取り図』有斐閣
- 岩出博（2002）『戦略的人的資源管理論の実相──アメリカ SHRM 論研究ノート』泉文堂
- 紺野登・目的工学研究所（2013）『利益や売上げばかり考える人は、なぜ失敗してしまうのか』ダイヤモンド社
- 木下斉・広瀬郁（2013）『まちづくり：デッドライン──生きる場所を守り抜くための教科書』日経 BP 社
- 木下斉（2009）『まちづくりの「経営力」養成講座』学陽書房
- 間嶋崇（2012）「組織の中の「人権」──経営学は「人権」をいかに扱ってきたのか？」『組織科学』第 46 巻第 1 号、18 〜 27 頁
- めいとうまちづくりフォーラム実行委員会（2011）「名東まちづくり人権推進事業企画案」第 2 稿
- 名古屋市市民経済局人権施策推進室編「新なごや人権施策推進プラン」名古屋市〈http://www.city.nagoya.jp/shiminkeizai/cmsfiles/contents/0000020/20935/planall218.pdf〉
- 日本学術会議（2012）「大学教育の分野別質保証のための教育課程編成上の参照基準　経営学分野」大学教育の分野別質保証推進委員会　経営学分野の参照基準検討分科会報告〈http://www.scj.go.jp/ja/info/kohyo/pdf/kohyo-22-h157.pdf〉
- 太田肇（1996）『個人尊重の組織論──企業と人の新しい関係』中央公論社
- 瀬沼頼子・齊藤ゆか編著（2012）『実践事例にみるひと・まちづくり──グローカル・コミュニティの時代』ミネルヴァ書房
- 手嶋慎介（2006）「グローバル企業の人的資源管理」吉沢正広編著『入門グローバルビジネス』学文社、67 〜 77 頁

・山崎丈夫（2000）『まちづくり政策論入門』自治体研究社

【謝辞】
　本章の事例の執筆に際し、名古屋市名東区役所区民生活部まちづくり推進室西尾彩子氏（当時）には名古屋市人権事業に関し、多くの資料提供をいただいた。また、「めいとうまちづくりフォーラム実行委員会（代表：大橋弘宜氏）」の方々、とくに枇榔香織氏には名東区事業の企画段階の資料提供も含め、さまざまなご支援をいただいている。ここに感謝申し上げる次第である。

第7章　会社法における労働者の
　　　　法的位置づけに関する覚書序説

松村 幸四郎

I　市民にとっての従業員（勤労者・労働者）[1]たる地位

　一般に、われわれが日常生活を営むなかで法というものを意識することは稀である。むしろ法を意識するのは何らかのトラブルに巻き込まれていたりするなど、イレギュラーな状況に置かれているときであるといえる。

　ただ法を意識しないといっても、少なくとも市民自らの権利が何らかの法によって守られている、という漠然とした認識は一般的に共有されているように思われる[2]。本叢書のテーマである人権に対する法律学の関心は高い。わが国の最高法規（憲法98条1項）である日本国憲法においては各種の自由・人権が規定され、さらには憲法の各規定を具体化した法律等においてもさまざまな権利・自由に関する定めが置かれている。これらの諸規定はそのときどきの社会情勢から影響を受けながらも、各法領域固有の観点から解釈論が展開されてきた。それゆえ法律学における自由・人権に関する議論は、各法領域ごとに特色を帯びたものとなってきている。

　ところで、市民にとっての法的紛争の大部分は日常生活から生ずる。この日常生活は日々の労働への従事によって得られる対価によって支えられており[3]、市民は人生の大部分をそうした労働者（主として従業員）としての立場で過ごす。この労働の場を提供している主体の大多数たる各種の法人や団体、とりわけ株式会社は数の上でも圧倒的な存在感を示しており、経済社会において雇用の場を提供するという点においても株式会社は重要な役割を果たしている[4]。また企業は経済社会を支える取引主体でもあることから、企業の規模の拡大や活動領域の拡大によって、そこで雇用されている従業員達の活動領域も拡大する。このように従業員が労働に従事する時間が増加すると、株式会社の内外を問わず他者の自由や諸権利と衝突する機会も増加することになる。わが国の労働者にとって企業とは「単にその労

働の買い手ではなく、最も重要な社会である」[5]とも評される以上、人生において費やす時間も長いものといえ、労働者（従業員）として遭遇するトラブルの機会は、労働者自身は意識しているかどうかは別として客観的には非常に身近であり、かつ人生にも影響を及ぼしかねないほどの切実な問題に発展するものともいえる。

そこで、本稿ではまず、こうした労働者たる地位に対してどのような法的関係が生ずるのかについて確認する。そこでは労働者の圧倒的大多数は企業によって雇用されており、その企業の多くは株式会社形態を採用していることから、株式会社と雇用関係にある労働者（従業員）に着目する。株式会社を規制対象とする会社法には従業員を規律対象とする規定がわずかであることを確認し、そうした規定方式となった背景的事情に触れながら、実は労働者に関する問題は会社法学に決して少なくない影響を及ぼしうるのではないかという仮説を述べたい。

1　労働者[6]をめぐる法律関係[7]

では労働者に関連する法領域として、どのようなものが挙げられるか。

本稿執筆時点（平成25年4月時点）でわが国には約1,900弱の法律がある[8]。それらの規定中に労働者の語が用いられている法律全てについては、その該当数の多さ[9]から言及することはできない。ただ、主要なものの一部のみを見ても、まずは勤労の権利や労働基本権[10]を定める日本国憲法[11]を研究対象とする憲法学、雇用契約（民法623条以下）について定める民法学、日本国憲法に定められた労働基本権に関する定めを具体化する労働基準法（昭和22年法律49号）を含む労働三法[12]を始めとした労働関連諸法[13]を研究対象とする労働法学を挙げることができる。

まず、憲法学における議論を確認するなかで、日本国憲法99条が「天皇又は摂政及び国務大臣、国会議員、裁判官その他の公務員は、この憲法を尊重し擁護する義務を負ふ」と定めていることに注目する必要がある。公法たる憲法は国家権力を制限するところにその目的があり、憲法学においては憲法の主たる目的を、国家権力の行使を制限する枠組みを設けることで国民の自由を確保することにあるととらえており、公法たる憲法の規律する対象は国家と国民との関係となる。実際にも、人権を侵害する最大の脅威となりうるのは未だに国家であることは否めない[14]。その意味で、一般的には憲法が私人間に直接適用[15]されることによって直ちに私人による人権侵害が救済されるとの論理は採らず、私人間での人権・自由の保障を

はかるのは第一次的には法律等の役割であり、私人間関係に適用可能な条文（公序良俗違反についての民法90条や不法行為についての民法709条等）の中に可能な限り人権保障の趣旨を読み込むことによって間接的に人権規定を私人間に及ぼしていくという論理構成を採用する（間接適用説[16]）。

ただ、この間接適用説も「人権の歴史、性質あるいは規定の文言から私人間の直接適用されるものがあることは否定しない」[17]。具体的には投票の秘密について定める憲法15条4項、奴隷的拘束・苦役からの自由を保障する憲法18条にならんで、労働基本権について定める憲法28条に関しては私人間にも直接適用されると説明されている[18]。これにより、労働基本権を制約する労働契約は私法上も無効となる[19]。こうした労働基本権そのものを直接に否定するような契約が存在する場合は別として、それ以外で実際に私企業において労働者をめぐって生ずる諸問題[20]は、労働関連諸法を中心に解決が図られてきた[21]。もっとも、たとえば男性の定年年齢と女性の定年年齢とを異なって定めた就業規則（男性は60歳、女性は55歳）を憲法14条が禁ずる不合理な性別を理由とした差別であるとして公序良俗に反するものとして民法90条に基づき無効とした判例（最判昭和56年3月24日民集35巻2号300頁〈日産自動車事件〉）[22]に代表されるように、民法の一般条項の解釈の中に憲法の趣旨を読み込むという論理構成によって解決を図った事案もある。労働を巡る問題は労働基本権のみではなく様々な憲法上の諸規定に関連することから、問題となる憲法上の規定いかんで労働法であったり、民法であったりと異なる法規を根拠として解決を図っていることがわかる[23]。

また、憲法27条1項は国民の勤労の権利・義務を定めているが、これは労働に従事することによって、人として個人の尊厳（憲法13条）を保ちながら生活していくための基礎となる生存が確保されるものであると考えられていることを示しているものといえる。そして、それが自らの責任でない理由によって実現が難しくなった場合に生存権（憲法25条）を保障しているものと理解されており[24]、およそ人にとっての労働というものが自己の存在の根源的部分にまで影響を与えるとの認識をも示すものと考えることもできる。

その意味で、労働者が雇用主たる株式会社と雇用について争う場面について、直接に憲法の規定が適用されるというよりも、労働法によって定めが置かれている固有の紛争解決制度[25]によって解決されてきたものといえる。また、労働契約も民法上の雇用契約に関する規定の適用よりも、それを大きく制限する労働法分野の諸

規定が優先的に適用されることから、事実上は労働法学が対象とする労働関係諸法が労働条件等の内容面を規律する中心的な法規として位置づけられてきた(26)。

2 会社法における労働者

現実に雇用の場を数多く提供しているのが企業でありその多くが株式会社制度を利用しているということになると、労働者の多くは株式会社との間で労働契約を締結することになる。

まず法制面に着目して、労働契約の一方当事者となることが多い株式会社に対して主として法規制を及ぼしている会社法（平成17年法律86号）についてみてみる(27)。

会社法中には「労働者」という文言は登場しないが、「会社の使用人」に関する諸規定（第三章第一節）中の使用人が労働者と重なりあうものといえる。取締役等に代表される会社役員（取締役、会計参与、監査役）(28)と株式会社との関係は委任に関する規定に従う(29)と規定されているのに対して、使用人（すなわち従業員）と会社との間では労働契約が締結されている(30)のが通例といえるからである。

ただ会社法が関心を有しているのは使用人の中でも「会社に代わってその事業に関する一切の裁判上又は裁判外の行為をする権限を有し」、「他の使用人を選任し、又は解任することができる」支配人（会社法10条）と、「事業に関するある種類又は特定の事項の委任を受けた」使用人（会社法14条1項）といった当該会社においてある範囲においてはその業務執行機関に比肩する程度の権限を有する使用人(31)に限定されている。これは当該会社にとっては労働者が代理をする権限の問題といえ、こうした使用人の代理権の法定により取引の相手方にとって法的安定性が確保されるようにする趣旨で規定が置かれている(32)。

結局は、会社法は企業組織法であって、株式会社は法人であり（会社法3条）、その機関によって会社の運営管理機構が組み立てられている以上、当該会社に対する組織法上の規律の問題はまずは機関の権限配分を中心とした議論とならざるを得ない。そこでは機関によって決定された株式会社の意思を実現するための補助としての役割を担うに過ぎないのが労働者（使用人）である。そのため、わが国の会社法においては基本的には労働者のなかでも補助的な役割を超えて機関的な役割と評価しうる程度の影響を当該会社に及ぼす場面（会社法第三章第一節）に着目して規定が置かれることになる。

そして、機関の権限配分論を考える上では、とくに経営陣にとっての会社経営の効率性を確保するという要請とともに、経営陣に集中した権限の濫用を抑制するという異なる命題を調整していくことに議論が集中することになる[33]。そして権限濫用を防ぐためには、国家による監督・監視は一部の業種（銀行業・保険業・旅客運送業等）を除いては、その数の上からも不可能であるため、個々の株式会社の内部に装置を組み込むことになり、具体的には、株式会社の各機関をあたかも国家機関と類似させてとらえたうえで、機関相互の牽制を中心に据えた運営管理機構の構築が目指されてきた結果が、現行会社法であるともいえよう。

なお、会社法（現行法以前は、商法典中の会社編）中の規定の新設が労働法制に影響を及ぼしたものもあり、会社分割に伴う労働契約の承継等に関する法律（平成12年法律103号）[34]を挙げることができる。

3　会社法学における労働者

2で述べたように、会社法においては会社機関の権限配分が重要な関心事となっており、とりわけ物的会社の典型であり株主有限責任制（会社法104条）[35]を採用する株式会社においてはその傾向が強い。そのため法規制や、規制の実効性確保に向けた諸施策に関心が集中することになる[36]。

しかし、会社法典中に労働者に関する直接的な規定が置かれていないものの、会社法学において労働者が登場する問題は決して少ないとはいえない[37]。ここでは、会社法学において労働者（従業員）が登場する問題の一部を抜粋して概観しながら、会社法中の使用人（労働者・従業員）に関する規定数とは裏腹に、会社法学においては一定の影響を及ぼしていると思われる論点[38]を指摘したい。

(1) 取締役会の監督機能に対する認識

まず、株式会社においてその機関（もしくはその構成員）としての取締役に就任する者をみると、その就任前には当該会社の従業員たる地位を占めていることが我が国においては多い。いわゆる新入社員として入社した株式会社の中での出世階段の到達点の一つが取締役たる地位に到達することであることも関係する。「わが国の大企業では経営者支配が行われているが、その経営者は最も昇進した労働者である」との指摘[39]はそれを示している。昭和25年商法改正の際の取締役会による監督の実効性に対する期待は、その後、昭和40年代の企業の大型倒産を目の当

たりにする中で自己監督の限界という形で打ち砕かれ、現在に至るまで、業務執行者に対する監督をどのように実効性あるものにしていくのか、という点に力がそがれることになる。

これは永遠に続く問題ともいえるが、わが国の特徴ともいえるこの問題を困難にしている要因の一つとしては、従業員からの出世階段の中に取締役たる地位を占めることが連続して組み込まれていることを挙げることができる。

(2) 役員退職慰労金に関する議論

近時、会社役員が退任時に役員退職慰労金を受領することについては、その決定過程の不透明性[40]を理由として役員退職慰労金の廃止の取り扱いをする株式会社が増えている。その論拠として、役員は在任中に相当額の役員報酬を支給されているはずであることに加えて、わが国で多い従業員から出世して取締役になった者を想定すると、いったん労働者としての地位から離脱（退職）した際に退職金を受領する実務慣行がある以上、さらに役員の退任時に金員を受領することは二重の利得ではないか、という議論が可能である[41]。

(3) 比較法的に稀な使用人兼務取締役

また我が国における特殊な慣行として、例えば「取締役人事部長」といった使用人たる地位を兼務する形で取締役（現行法では使用人兼務執行役も含む）に就任する場合がある。これも使用人とされる部分は従業員たる地位になるため、たとえば報酬決定の場面においても訴訟の形で争われたことからわかるように、法律関係が複雑なものとなる[42]。

なお、執行役制度が置かれる前に、取締役の数を減ずる目的で「執行役員」の制度が実務上編み出されたが、これも法的には機関ではなく一種の重要な使用人（会社法362条4項3号）として位置づけられることになる[43]。

(4) 従業員持株会制度

労働者（従業員）の福利厚生とともに当該株式会社の安定株主工作の一環[44]として、いわゆる従業員持株会制度が置かれることがある。労働者は市場での応募や買い入れによって株式を取得することもできるが、その場合には従業員持株制度ではない[45]。この制度の場合には、個々の株式会社ごとに異なる取り扱いとなって

いるが、会社が一定の補助を与え、有利な取得価格にして配当性向を向上させる代わりに、自らの意思で売却もできず、退職時には取得価格で株式会社（もしくは持株会）に売却することが義務付けられるのが通例である。そうした株式の自由な譲渡を制限する契約の有効性[46]や、従業員の福利厚生（経済的には有利な社内預金としての性格）としての性格をどのように考える[47]かといった問題が生ずることになる。

4　むすびに代えて

　以上のように会社法学においては華々しく「およそ従業員とは……」という形で議論が展開されることはあまりない。しかしながら個々の解釈論を展開するにあたって、会社法の文言をそのまま適用するのみならず、「労働者（従業員）」という地位を解釈論に反映させてきたことは否定できないように思われる。その意味で会社法典中には言及が少ないものの、会社法学においても労働者（従業員）の存在は、会社法の解釈論に対して少なからぬ影響を与えているといえよう。

　本稿では言及しなかったが、ヨーロッパにおける労働者の経営参加[48]の手法としての共同決定法[49]についても、会社法における労働者の位置づけを考えるうえで素材を提供してくれるものといえる。わが国とヨーロッパでは社会構造が異なっているため、直ちにわが国に議論が妥当するとはいえないが、労働者の問題が会社法制にどのような影響を与えているのかを考えていくうえでは何らかの示唆を与えてくれる可能性がある。また、近時は勤労の権利、教育を受ける権利、幸福追求権を統合した「働く人のための権利」をキャリア権とし、その認知の為の動きもみられる[50]。これも労働形態や労働環境が大きく変化し、多様化している現状を反映した主張といえるが、これが広まりをみせれば、各種関連法制にも影響を及ぼすであろう。

　以上よりすれば、労働法制等は現実の会社の経営には大きな影響を及ぼしていることは疑いない。更にそれが会社法上の議論の中に、どこまで反映されるのか、という点に関心が移る。条文中にどこまで表現がされるのかは判然としないものの、背景としてふまえるべき重要な一要素となることは、充分に考えられる。こうした点につき、更に考察を深めていきたい。

【注】
(1) 本稿は筆者の専攻する企業組織法（会社法）に関する問題を論ずるための基礎作業であるため、会社法において登場する「従業員」の視点から論ずることになるため、以下では基本的に「従業員」「労働者」の語を同義のものとして用いる。
(2) もっともそうした認識の背景となる法知識は、現在の実定法規範およびその解釈論を前提とした質問に対して正確な解答を導くものとはなってはいないようである（藤本亮「法知識とその測定の課題」松村良之＝村山眞維編『法意識と紛争行動』〔東京大学出版会、2010年〕26～29頁）。
(3) 2010（平成22）年度には、全就業者数6,392.5万人のうち、経済活動として産業に属する部門で職を得ている就業者は5,888.7万人に上る（内閣府経済社会総合研究所国民経済計算部編『平成24年版 国民経済計算年報』〔メディアランド、2012年〕252～253頁）。
(4) 会社制度は利害関係者（stakeholders、具体的には資金提供者、経営者、労働者、取引先等から構成される）からもっとも大きな信頼を集めているフォーマットであると理解されている（江頭憲治郎「会社法制の将来展望」上村達男編『企業法制の現状と課題』〔日本評論社、2009年〕115頁）。
(5) 竹内昭夫「企業と社会」竹内昭夫編『岩波講座 基本法学7―企業』（岩波書店、1983年）12頁。
(6) この「労働者」概念についても再構成を試みるものがある（川口美貴『労働者概念の再構築』〔関西大学出版部、2012年〕参照）。
(7) 竹内・前掲注(5)13頁によれば、1 労働者が企業を代理する権限の問題、2 労働者の労働条件の問題、3 企業経営に対する労働者参加の問題の3点が挙げられている。
(8) 平成25年3月1日現在（同日までの官報掲載法令）の我が国の法令数は、7,825（内訳：法律1,888、政令2,001、勅令75、府令・省令3,519、閣令10、規則331）である（総務省行政管理局が管理する法令データシステム、http://law.e-gov.go.jp/announce.html 参照）。
(9) 前掲注(8)の法令データシステムで、「労働者」「勤労」「従業員」という用語がどのくらいの法令の規定中に用いられているのかを検索すると、それぞれ525件、222件、349件が該当した。
(10) 本稿においても、「最も中心的な基本権は憲法28条の規定する広義の団結権であ」り、「それが狭義の団結権で、団体交渉権、および争議権に代表される団体行動権という3つの現れ方をする」との労働基本権に関する理解（有泉亨「労働基本権の構造」東京大学社会科学研究所編『基本的人論5 各論Ⅱ』〔東京大学出版会、1969年〕165頁）に従う。
(11) 比較法的に見たとき、労働基本権の保障に関する規定が日本国憲法のように憲法典中に規定が置かれている場合もあるが、アメリカのように法律で詳細に規定する場合や、一般市民法の原則に準拠しながらも必要な範囲内で立法による修正をほどこすイギリス

の場合（有泉・前掲注（10）164 頁）のように、つねに憲法典中に置かれるものとは言えない。
　　日本国憲法で労働基本権に関する規定が置かれた経緯としては、憲法制定過程で労働基本権の重要性が強く認識されていたことが挙げられるが、当初から憲法典中に規定を挿入することが確定していたわけではないようであり、たとえば労働憲章の形で別に制定することも想定されていたようである（佐藤達夫『日本国憲法成立史 第一巻』〔有斐閣、1962 年〕405 頁）。いずれにしても労働基本権の重要性を示す形での規定方式が模索されたことがうかがわれる（佐藤・404 頁以下）。
(12) 他には労働関係調整法（昭和 21 年法律 25 号）、労働組合法（昭和 24 年法律 174 号）。
(13) 労働者災害補償保険法（昭和 22 年法律 50 号）、雇用の分野における男女の均等な機会及び待遇の確保等に関する法律（昭和 47 年法律 113 号）、会社分割に伴う労働契約の承継等に関する法律（平成 12 年法律 103 号）、労働審判法（平成 16 年法律 45 号）、労働契約法（平成 19 年法律 128 号）等がある。
(14) 高橋和之『立憲主義と日本国憲法 第 2 版』（有斐閣、2010 年）383 頁。
　　なお、憲法 99 条では「国民」の語が注意深く除かれているものの、国民が憲法を護らない場合で他者の人権を侵害する場合には、何らかの法令等に違反することで国家から制裁が科されることになる（高橋・383 ～ 384 頁）。
(15) 憲法の諸規定を私人間に直接適用できるとする直接適用説といえども、あらゆる私人に対して無制限に適用を肯定するわけではなく、「事実上の権力」（私的権力）が一方当事者である場合に限定するのが一般的であるとされる（高橋・前掲注（14）100 頁）。
(16) 高橋・前掲注（14）100 頁。
(17) 高橋・前掲注（14）100 頁。
(18) 高橋・前掲注（14）100 頁。
(19) 長谷部恭男『憲法入門』（羽鳥書店、2010 年）67 頁。当然ながら、労働基本権を制約する国・地方公共団体の行為も排除されることになる（長谷部・67 ～ 68 頁）。
(20) 純然たる私企業における労働者とは置かれている状況は異なるものの、日々の生活の糧を得るために公務員として勤務する市民も一定数存在する。公務員も憲法 28 条にいう勤労者である（最大判昭和 40 年 7 月 14 日民集 19 巻 5 号 1198 頁〈和歌山市教組事件〉）が、公務員にはその職務内容の特殊性からいわゆる労働三権に対して制限があり（詳細は、高橋・前掲注（14）295 頁以下参照）、その代償措置として人事院制度がある（最大判昭和 48 年 4 月 25 日刑集 27 巻 4 号 547 頁〈全農林警職法事件〉）とされる。
　　憲法学では公務員の政治的活動の制限に関する問題を含めた労働基本権に関する問題を公務員に対する人権制約の問題としても取り扱ってきた（高橋・前掲注（14）121 頁、295 頁以下。なお、長谷部・前掲注（19）67 ～ 69 頁参照）。
(21) 雇用契約について定める民法とは独立して労働法分野の世界が形成されてきたことによるが、その要因として「憲法による労働基本権の保障、労働基準法を中心とする制定法の発達、制定法の強行法的性質、行政的監督制度および刑罰規定の存在、固有の紛

争解決制度の存在、判例・学説・行政実務の蓄積」が挙げられる（中田裕康「契約解消としての解雇」新堂幸司＝内田貴編『継続的契約と商事法務』〔商事法務、2006年〕217頁）。
(22) 本事件は男女雇用機会均等法（昭和60年法律45号）11条1項（現6条4号）の制定前のものである。
(23) この点について武田芳樹「社会労働領域と憲法学」法律時報85巻5号37頁以下参照。
(24) 高橋・前掲注（14）293頁。なお武田・前掲注（23）40頁以下。
(25) 中田・前掲注（21）217頁。
(26) たとえば、内田貴『民法Ⅱ 第3版』（東京大学出版会、2011年）267頁。
(27) 本稿では、会社法施行規則等には言及しない。
(28) 会社法329条1項。
(29) 会社法330条、民法643条以下。
(30) 労働契約の一方当事者に労働基準法9条にいう「労働者」性が認められた場合には当該契約は社会法たる労働契約法の適用を受けるのに対して、「労働者」性が認められない場合には、契約自由の原則が支配する一般契約法によって規律されるという二分法的認識がこれまで広まっていた（中田・前掲注（21）217～218頁）。

　日本的雇用慣行が崩れたことによる雇用・就労形態の多様化によって、この二分法的認識では硬直的な解決にしかならないことも意識され、それを解消するための議論が深められているとの指摘もある（中田・前掲注（21）218頁）が、現時点での裁判規範としてはこの二分法的認識が用いられているものと思われる。
(31) 会社法348条が、取締役が2名以上ある株式会社にあっては、支配人の選任及び解任を各取締役に委任することができないと定めていることは、支配人の選任・解任が当該会社に及ぼす影響の大きさを意識しているものといえる。
(32) 竹内・前掲注（5）13頁。
(33) 稲葉威雄「日本の会社立法のあり方序説　平成17年会社法を踏まえて」上村達男編『企業法制の現状と課題』（日本評論社、2009年）87頁以下、稲葉威雄＝尾崎安央編『改正史から読み解く会社法の論点』（中央経済社、2008年）参照。
(34) 制定当初の名称は「会社の分割に伴う労働契約の承継等に関する法律」である。会社の分割制度が会社法制定前商法典の会社編に規定されたことに伴って、労働者の保護を図る目的（旧会社の分割に伴う労働契約の承継等に関する法律1条、および会社分割に伴う労働契約の承継等に関する法律1条）で制定されたものである。
(35) なお、株主有限責任制と会社機関の権限との関係性については、稲葉威雄『会社法の解明』（中央経済社、2010年）233～234頁。
(36) 機関権限の配分を変更したり、さらに機関構成員が会社実力者との間での馴れ合いを防ぎ、取締役会による監督を実効性あるものとすることを目的として導入された社外取締役（会社法2条15号）制度の導入が挙げられる。

(37) 会社法分野の研究者においても、かつて労働法に関する研究がすすめられたことがある（石井照久『労働法総論』〔1957年、有斐閣〕参照）。

　また近時は、会社法と他の法分野間の問題として研究が進められつつある（例えば、上村達男「会社法制と法分野間のボーダレス」江頭憲治郎＝増井良啓『融ける境超える法3　市場と組織』〔東京大学出版会、2005年〕156頁以下）。

　これらより、会社法分野においても従業員に関する問題は無関心ではなく、重要な利害関係者として位置づけているのが一般的であろうが、会社法典中にそれが反映しているのかという点からすると、表面的には少ないと言わざるを得ない。

(38) 本稿で採り上げる問題以外にも、様々な問題が生じている（例えば、金久保茂『企業買収と労働者保護法理』〔信山社、2012年〕参照）。

(39) 竹内・前掲注（5）14頁。

(40) 役員退職慰労金制度は実務が先行の形で広まり、判例・学説がそうした実務を追認するという展開で議論が進んでいった。会社の役員に対する退職慰労金は、その在任中の職務執行の対価として支給されるものである限り、商法269条（現会社法361条）にいう報酬に含まれるとした最高裁飽和39年12月11日民集18巻10号2143頁〈名古屋鉄道事件〉が、最高裁として支給根拠を示したものといえる。役員退職慰労金に関する議論については、松村幸四郎「役員退職慰労金をめぐる論議の系譜」『産業経理』62巻3号（平成14年）99～112頁参照。

(41) 松村・前掲注（40）108頁。

(42) 使用人兼務取締役が得る報酬も、使用人分と取締役分とがあるが、使用人として受領する給与の体系が明確に確立されている場合には、使用人兼務取締役について、別に使用人として給与を受けることを予定しつつ、取締役としての報酬額のみを株主総会で決議しても商法269条（現361条）の脱法行為に当たらないとした最判昭和60年3月26日判時1159号150頁がある。

　なお、使用人兼務取締役が使用人の地位も失うとともに取締役も辞任した場合の退職慰労金について、最判昭和56年5月11日判時1009号124頁は、その支給を受けるべき退職慰労金が退職慰労金支給規定（従業員にも共通に適用される）に基づいて算出される場合であっても、商法269条（現361条）にいう報酬に該当するため、定款または株主総会決議によって定められなければならないとする。

(43) 江頭憲治郎『株式会社法 第4版』（有斐閣、2011年）388頁、注（7）。

(44) 制度導入の目的として、従業員財産形成、利益の分配は従業員サイドに、経営参加意識の向上、安定株主の形成、生産性向上、従業員定着、愛社精神の向上、企業への関心向上といったものは経営者サイドにつながる（河本一郎「1　労働者参加」竹内昭夫ほか編『岩波講座 基本法学7―企業』〔岩波書店、1983年〕293頁）。

(45) 河本・前掲注（44）293頁。

(46) 従業員持株制度において額面額で当該会社の株式を取得した場合に、従業員の退職等によって株式を手放す場合には当該会社・持株会、もしくは取締役会の指定する者に

券面額で譲渡することの合意がある場合、個別具体的な状況を勘案しながら、そうした合意を有効とする判断が最高裁より示されている（最判平成7年4月25日裁判集民175巻91頁、最判平成21年2月17日判時2038号144頁〈日経新聞株式譲渡ルール事件上告審判決〉）。

(47) 会社法上、株主権の行使に当たって会社が特定の株主に対して利益供与をすることは罰則をもって禁じられている（会社法120条、970条）。

なお、従業員に対する福利厚生の一環等の目的として持株会会員に対して株式会社が奨励金を支出した場合には、株主の権利の行使に関してなしたものとの推定が覆るとした裁判例（福井地判昭和60年3月29日判タ559号275頁）がある。

(48) 経営参加や労働者参加といった用語自体が多義的に使用されており、議論をする上では整理をする必要があろう（河本・前掲注(44) 271頁以下）。

また、わが国では労働者の最も昇進した者が経営者となる傾向が強いことから、ある一面では経営者支配が労働者支配という側面を有しているという指摘（竹内・前掲注(5) 14頁）もある。

(49) 正井正筰『共同決定法と会社法の交錯——ドイツとECにおける論争』（成文堂、1990年）参照。

(50) 戸苅利和「キャリア権」『読売新聞』2013（平成25）年5月23日付（12版）13面参照。

あとがき

　本学の人権委員会委員と教員が分担して本書の執筆を進めていた頃、次のような事件が社会ニュースとなり世間を騒がせた。

　柔道指導者（監督）による女子柔道家に対するハラスメント行為である。指導者が立場を利用して起こしたとされる人権問題である。この指導者は一審で「有罪」となったが、その後の控訴により、現時点では判決は先送りとなっている。日本柔道連盟は、控訴審を待たないでその監督の退任を命じ、後任にはコーチを昇格させたが、時のマスコミや世論からは後任人事にも、連盟役員にも非難が集中した。

　連盟役員人事にも火の粉（当然という声価もある）が上がり、会長なども辞任することとなった。後任の会長には、元金メダリストの柔道家（学識者）が就任することとなった。

　このようなハラスメントは、多くは個人の問題とされ、人事刷新（辞任・退任）による指導者交代でその責任の所在がうやむやにされているが、交代人事は一時的対処であり、ハラスメント行為のような人権問題の再発を防ぐものとはならない。

　柔道界・スポーツ界だけでなく、全ての集団組織や個人を対象とした人権侵害行為等に関する「学習会」「講習会」などが定期的に実施されているのか疑問が残る。集団組織の場合、抱える問題を本質的に共有することから始めなければ、人権侵害・ハラスメント事件の再発は防げないと確信している。

　人権学習は、学校教育のみならず、行政の生涯学習担当部局、企業、地域自治会、NPO 組織とさまざまな場所や機会で実施されることが必要である。個人の意識だけに委ねることは回避したいものである。

　特に、地域社会での青少年を対象とした課外活動・クラブ指導者、また、学校教育機関の課外活動・部活指導者、監督などを対象としたハラスメントに関する講習会等は欠かせないものである。

　本書は、人権に関する多くの分野を網羅したものではない。執筆に携わってきた者も自らの専門とする分野以外の人権問題にも視野を広げ、人権意識を再構築していきたいと考えている。ご一読いただいた上で忌憚のない意見を頂ければ幸甚に絶えない。

　刊行にあたっては、地域創造研究所運営委員各位並びに、事務局として黒柳好子さん、山田智代さんにご尽力をいただいた。ここに記して感謝申し上げる次第であ

る。
　本書の刊行を契機として、人権意識が少しでも高揚することを願ってやまない。

人権問題委員長
宗貞　秀紀

愛知東邦大学　地域創造研究所

　愛知東邦大学地域創造研究所は 2007 年 4 月 1 日から、2002 年 10 月に発足した東邦学園大学地域ビジネス研究所を改称・継承した研究機関である。従来の経営学部（地域ビジネス学科）の大学から、人間学部（子ども発達学科、人間健康学科）を併設する新体制への発展に伴って、新しい研究分野も包含する名称に変更したが、「地域の発展をめざす研究」という基本目的はそのまま継承している。
　当研究所では、研究所設立記念出版物のほか年 2 冊のペースで「地域創造研究叢書（旧 地域ビジネス研究叢書）」を編集しており、創立以来 9 年の間に下記 20 冊を、いずれも唯学書房から出版してきた。

- 『地域ビジネス学を創る──地域の未来はまちおこしから』（2003 年）
- 『地場産業とまちづくりを考える（地域ビジネス研究叢書 No.1）』（2003 年）
- 『近代産業勃興期の中部経済（地域ビジネス研究叢書 No.2）』（2004 年）
- 『有松・鳴海絞りと有松のまちづくり（地域ビジネス研究叢書 No.3）』（2005 年）
- 『むらおこし・まちおこしを考える（地域ビジネス研究叢書 No.4）』（2005 年）
- 『地域づくりの実例から学ぶ（地域ビジネス研究叢書 No.5）』（2006 年）
- 『碧南市大浜地区の歴史とくらし──「歩いて暮らせるまち」をめざして（地域ビジネス研究叢書 No.6）』（2007 年）
- 『700 人の村の挑戦──長野県売木のむらおこし（地域ビジネス研究叢書 No.7）』（2007 年）
- 『地域医療再生への医師たちの闘い（地域創造研究叢書 No.8）』（2008 年）
- 『地方都市のまちづくり──キーマンたちの奮闘（地域創造研究叢書 No.9）』（2008 年）
- 『「子育ち」環境を創りだす（地域創造研究叢書 No.10）』（2008 年）
- 『地域医療改善の課題（地域創造研究叢書 No.11）』（2009 年）
- 『ニュースポーツの面白さと楽しみ方へのチャレンジ──スポーツ輪投げ「クロリティー」による地域活動に関する研究（地域創造研究叢書 No.12）』（2009 年）
- 『戦時下の中部産業と東邦商業学校──下出義雄の役割（地域創造研究叢書 No.13）』（2010 年）
- 『住民参加のまちづくり（地域創造研究叢書 No.14）』（2010 年）
- 『学士力を保証するための学生支援──組織的取り組みに向けて（地域創造研究叢

書 No.15)』（2011 年）
・『江戸時代の教育を現代に生かす（地域創造研究叢書 No.16)』（2012 年）
・『超高齢社会における認知症予防と運動習慣への挑戦――高齢者を対象としたク
　ロリティー活動の効果に関する研究（地域創造研究叢書 No.17)』（2012 年）
・『中部における福澤桃介らの事業とその時代（地域創造研究叢書 No.18)』（2012 年）
・『東日本大震災と被災者支援活動（地域創造研究叢書 No.19)』（2013 年）

　当研究所ではこの間、愛知県碧南市や同旧足助町（現豊田市）、長野県売木村、豊田信用金庫などから受託研究や、共同・連携研究を行い、それぞれ成果を発表しつつある。研究所内部でも毎年 5 ～ 6 組の共同研究チームを組織して、多様な角度からの地域研究を進めている。本報告書もそうした成果の 1 つである。また学校法人東邦学園が所蔵する、9 割以上が第 2 次大戦中の資料である約 1 万 4,000 点の「東邦学園下出文庫」も、ボランティアの皆さんのご協力で整理を終え、当研究所が 2008 年度から公開している。

　そのほか、月例研究会も好評で、学内外研究者の交流の場にもなっている。今後とも、当研究所活動へのご協力やご支援をお願いするしだいである。

執筆者紹介

宗貞　秀紀／愛知東邦大学人間学部教授（第1章担当）
堀　　篤実／愛知東邦大学人間学部教授（第2章担当）
吉村　　譲／愛知東邦大学人間学部准教授（第3章担当）
肥田　幸子／愛知東邦大学人間学部准教授（第4章担当）
宮本　佳範／愛知東邦大学経営学部教授（第5章担当）
手嶋　慎介／愛知東邦大学経営学部准教授（第6章担当）
松村幸四郎／阪南大学経済学部准教授（第7章担当）

地域創造研究叢書No.20

人が人らしく生きるために——人権について考える

2013年7月31日　第1版第1刷発行　　※定価はカバーに
　　　　　　　　　　　　　　　　　　　　表示してあります。

編　者——愛知東邦大学　地域創造研究所

発　行——有限会社　唯学書房
　　　　　〒101-0061　東京都千代田区三崎町2-6-9　三栄ビル502
　　　　　TEL　03-3237-7073　　FAX　03-5215-1953
　　　　　E-mail　yuigaku@atlas.plala.or.jp
　　　　　URL　http://www.yuigaku.com

発　売——有限会社　アジール・プロダクション
装　幀——米谷　豪
印刷・製本——中央精版印刷株式会社

©Community Creation Research Institute, Aichi Toho University
2013 Printed in Japan
乱丁・落丁はお取り替えいたします。
ISBN978-4-902225-82-2 C3337